社会人1年目「直前」の教科書

「驚異の新人」と
呼ばれるために
習得する
100のメソッド

著｜びっとらべる
bitravel

SE
SHOEISHA

はじめに　～社会で生き抜くための「大きな武器」を手に入れる～

はじめまして。ＩＴ業界で働きながらその傍らインフルエンサーとして活動している「びっとらべる」と言います。

数ある書籍の中から本書を手に取っていただき、ありがとうございます。

本書は、これから新社会人になる方に向けての「教科書」としてインプットいただけるよう丁寧に仕上げました。ぜひ新社会人デビュー前の一冊として本書を存分に活用いただけますと幸いです。もちろん、新社会人の方に限らず、転職一年目の方を含むすべてのビジネスマンへ心からオススメしたい一冊に仕上がったと自負しています。

この本の中では、３６５日ストレスフリーに楽しく働くためのマインドやビジネススキルをはじめ、人間関係で疲れないコミュニケーションのコツや必ず身につけていただきたい習慣術を網羅しています。

もちろん、私自身が実際に行動してみて本当に効果があったものに限り自信を持ってお伝えしていきます。Ｘ（旧Ｔｗｉｔｔｅｒ）でバズり話題となった私の投稿の中からも、厳選した上で本書に取り上げ、さらに詳しく解説しており、必ずあなたのお役に立てると強く確信しています。

きっとこの本を手に取ったあなたは今、次のような状況の中にいるのではないかと私は想像しています。

- これから新たな生活を始めていく上で、ワクワクと不安が入り交じっている
- イヤな上司がいると評判の部署に配属されたらどうしよう……
- どこでも通用する力を磨きたいけど、何から始めていいかわからない
- いち早く環境に溶け込む方法が知りたい
- 楽しく働くコツを教えてほしい
- 仕事のストレスをうまく解消するコツが知りたい

当てはまることが一つや二つあったのではないでしょうか？

私がこの本を書きたいと思った理由はただ一つ、迷えるあなたの「道しるべ」になりたいと思ったからです。

今後の人生に役立つヒントを一つ一つ丁寧にお伝えしていけたらと思います。

◆私が「メンタル最強」と言われる秘密

私が新卒で入社した某大手半導体の会社。はじめは右も左もわからない不安と緊張に包まれた状態でしたが、最初に声をかけてくれたのは1歳上の先輩Kさん。そのKさんが丁寧に一から教えてくれて少しずつ仕事を覚えていきました。

最初はとても親切に仕事を教えてもらえて感謝していたのですが、だんだんとKさんは圧倒的上から目線でマウントを取ってきたり、平気で罵声を浴びせてきたり、無理難題を押し付けてきたり、自分の思い通りにいかなかったらキレたりするようになったのです。理不尽なKさんの性格が露わになり、そんな日々が続き仕事に嫌気が差していました。

しかし、私はその後もKさんの理不尽さに負けずに仕事を続けていました。そんな私に周囲は口を揃えて言いました。「ここまでK君とタッグ組んで仕事できるのは君しかいない」と。そうです、実はKさんはこの部署で有名な問題児だったのです。私の配属前にも一度問題行動を起こしており、辞めさせられる手前にまで至ったと後になって知りました（その後、Kさんはあまりにも周りからの評価が酷く、今回の件が重なったこともあり、他の部署に飛ばされました）。

他にも理不尽な職場の人間は何人かいましたが、心が折れずに仕事をこなすことができたのは、自分の中でうまく受け流す捉え方や考え方があったからだと思っています。自慢するワケではありませんが、これは持って生まれた自分の「強み」であると自負しています。したがって、今までの人生で人間関係のトラブルを何ひとつ起こしたことがありません。起きないようにうまく立ち回ってきたと言っても過言ではないでしょう。

このように、元々「うまく受け流す捉え方や考え方があった」ことにプラスして、Kさんのような自分の人生に悪影響を与えてくる人に潰されないよう自分で色々と学んだ結果、**社会をラクに生き抜いていける心と体の処世術を身につけることができ、それが今の自分を助けてくれています。**そのメソッドをあなたに伝えていけたらと思います。

◆知識は誰にも奪われない最強の武器

働き始めて2年ほど経った頃、ふとしたタイミングで「中田敦彦さんのYouTube」と出会いました。これをきっかけに本を読む習慣が身につき、「知識」という武器を持つことの大切さを身をもって学ぶことができました。それまでの自分の中にあった固定観念や価値観がいい意味で一新され、一気に視野が広がり、世界の見え方が変わったのです。「こんなに学ぶって楽しいんだな」と大人の学ぶ楽しさに衝撃を受けました。学生時代に受動的に「やらなきゃ」とイヤイヤ勉強していた時と比べて、知識の深まるスピードや楽しさは異次元でした。

何が言いたいかというと、とにかく**「学び続けた方がいい」**ということです。ヘンリー・フォードの名言にこんな言葉があります。

『二十歳であろうが八十歳であろうが、学ぶことをやめた者は老人である。学び続ける者はいつまでも若い。人生で一番大切なことは、若い精神を持ち続けることだ』

学ぶ楽しさを知ると本当に人生は面白くなります。その楽しさを、本書を通して感じていただきたいというのが私の想いの一つでもあります。

知識というのは誰にも奪われない「最強の武器」です。しっかりと効果的な知識を自分の身に纏い、人生常にワクワク、面白く生きていってください。

そして、自分の心を守ることを最優先にしてください。**自分の身を犠牲にするような生き方、仕事の仕方は避けること。**無理して働き続け、メンタルを壊し「うつ」になった同僚も何人も見てきました。あなたにはそうなってほしくありません。**この時代を生き抜くために**

必須の「受け流すスキル」も合わせて身につけていただければ嬉しいです。

◆人生は捉え方次第でうまくいく

仕事術やマインドなどが書かれた数多くの本を読んできましたが、やはり「捉え方」が人生においての大きなキーポイントです。自分の中でどう思考するか、どう捉えるか、どう解釈するかによって物事の進み方は天と地の差であると感じています。

たとえば、上司から「何でそんな言い方するの？」と思うような攻撃的な言葉を投げかけられた時に、真に受けて傷ついたり、とことん落ち込むのではなく、**「あぁこの人は日本語覚えたてなんだなぁ」**って心の中で受け流せば心をすり減らされることなく、心軽やかに冷静に受け止めることができます。

仕事においても、朝から「今日は嫌な一日になりそうだな」と考えるのか、**「今日も素敵な一日になりそうだな」**と考えるのでは、仕事への取り組む姿勢が変わります。面白いと思って仕事をこなすのか、イヤイヤ仕事をこなすのとでは、仕事に対するモチベーションもその日一日を過ごす楽しさも天と地の差なワケです。

自分なりに楽しいポイントを見つけ、その部分にフォーカスすると、楽しくモチベを高く維持したまま仕事に打ち込むことができます。一日一日のほんの少しの意識の積み重ねが、後の人生に大きく影響していくため、日々どう思考するか、が非常に大切なのです。

このようにモノは見方次第で180度違って見えます。人生は必ず「自分次第」で好転させていくことができるのです。そんなテクニックをこの本を手に取ってくれたあなたに向けて丁寧にお話ししていけたらと思います。

希望に満ちた社会人生活、いきなり「ハズレ」を引いてしまうかもしれません。でも、悲観しないでください。著者自身も社会人になりたての頃につらい思いをしたので、その気持ちはよくわかります。環境や人間関係が悪くても諦めないでください。自分を高めることで、仕事や人間関係がうまくいき、もっと豊かな人生を楽しめるようになります。

そのために、本書でまとめた著者のメソッドに頼ってくれたらなと思います。**一人で悩まず、ぜひこの本を読み進めてみてください。**

きっとあなたの心の支えとなり、社会を生き抜くための「大きな武器」になってくれるはずです。

次のページをめくり、早速一緒に歩んでいきましょう。

目次

第2章

驚異の新人の「仕事術」

第3章 驚異の新人の「対人術」

第4章

驚異の新人の「習慣術」

第5章

驚異の新人の「メンタル安定術」

第1章

驚異の新人の「思考術」

01

ゴミを拾えない人は、チャンスも拾えない

公共心が高いと言われる日本人ですが、残念ながら地面に落ちているゴミやモノに対して、見て見ぬふりする人が多いものです。これは公道ではもちろんのこと、職場やプライベート空間においても言えることです。

「いやいや、この行動が『仕事』や『チャンス』にどのような関係があるの？」と思ったかもしれません。

「ゴミを拾ったら、手も汚れるし、ましてや他人のゴミを拾うなんて無駄な行為でしかない」このような考え方の人には、残念ながらチャンスが訪れることはありません。心もどんどん濁っていきますし、小さなことを積み重ねることができない人は信頼すら置けなくなってしまいます。**こういうちょっとしたゴミやモノに「気づいて拾う」という行為で自分の時間を数秒も使うことができない人は、小さなことにも気づくことができず、結果として仕事を任せてもらえなくなるのです。**

ここで最もダメなポイントは「**そこにある何かに対して無視してしまう癖がつく**」という

ことです。目の前にある小さなことを無視し続けてしまうと、少しずつそういったものに気づくことすらできなくなってしまい、目の前にある小さなチャンスにすら気が付けなくなるのです。一見どれもゴミに見えた、見分けがつかなかったものも拾ってみれば宝に変身するかもしれません。

身近に落ちているゴミを拾うことで、小さな変化に気づく感性を磨くことができ、これを小さくコツコツ続けることは心の清潔さにもつながり、**限られたチャンスを拾うこともできるようになる**ので、もし目の前にゴミが落ちていたら無視せずに拾った方がいいのです。

これは何も私だけが言っていることではありません。私のお気に入りの名言に次のような言葉があります。**『心が変われば行動が変わる。行動が変われば習慣が変わる。習慣が変われば人格が変わる。人格が変われば運命が変わる』**。

アメリカの有名な心理学者ウィリアム・ジェームズの言葉です。つまり、このような小さな積み重ねが心を豊かにし、次第に大きなチャンスを招き、後の運命、人生を大きく変えてくれることにつながっていく、ということは多くの人が実感している事実なのです。

POINT
毎日の小さな積み重ねが、運命を大きく変えるトリガーとなる

02 正しい場所で努力する

努力しても報われない……。努力することがつらい……。それは努力の才能がないわけではなく、**努力をする「場所」が間違っている可能性が高いです。**

努力に大切なのは「**努力の方向性**」「**努力の理由**」、そして「**努力する環境**」です。努力できるか、できないかは個人の性質ではなく、個人が置かれた環境に大きな影響を受けるということです。そして、**その中で「努力を努力と感じない状態」が最も努力が裏切らない状態だと言われています。**まさに、物事に夢中になり、頑張っている自覚すらない人もいます。

私自身もWebエンジニアとしてシステムを開発をしている時は、エラーが出て何時間もうまく動かなかったとしても、そのエラーを解決することが「楽しい」とすら感じます。長時間PCと向き合っても苦に感じないのです。周りからは「いつも頑張っていてすごいね」と言われますが、自分では「頑張っている」という感覚はありません。

私の好きな「努力の名言」に、次のような言葉があります。

『努力を努力だと思ってる時点で、好きでやってるやつには勝てないよ』

これは元プロ野球選手のイチロー氏の言葉ですが、まさに真理だと思います。合わない場所で無理して頑張り続けるくらいなら、本当に自分に合った場所を見つけてラクに結果を出せる方がいいです。

「置かれた場所で咲く」という考え方がありますが、私は**「咲きやすい場所で咲く」**という考え方を大切にした方がいいと思っています。自分自身をあまり発揮できない場所で必死に頑張り続けるよりも、強みを生かし、少しの努力で結果を出せる場所の方がいいです。そのためには自分自身をとことん深掘りしてとにかく知ること。そうすれば企業や職業とのミスマッチも無く、最適な場所で本来の自分のパフォーマンスを最大限に引き出すことができるわけです。

今、正しい努力ができていない人がすべきことは、**自分を変える努力ではなく「環境を変える努力」でしょう。**努力が正当に評価されない職場からは真っ先に離れてください。**大切なのは「努力って楽しい」と思える環境を整えることです。**そうすればやがて、必ず**苦にならない努力が見つかる**はずです。

POINT **正しい場所で、正しい方向で、積まれた努力は裏切らない**

03 あきらめない限り、人生に失敗はない

どうしても物事がうまくいかないときってあきめたくなるものですが、後から振り返ったときに「もう少し頑張ってみたらよかったな」と後悔することも少なくはありません。もしあきめそうになったら**「もう一度だけ頑張ってみる」**という気持ちを大切にしてください。これが最後だと思ってもうひと踏ん張りしてみるのです。そんな「あきめない」という気持ちが人生を変えてくれるはずです。

『才能の差は小さいが、努力の差は大きい。継続の差はもっと大きい』

こちらは嵐の大野智氏の言葉ですが、私は自分の人生のモットーのように大切にしている言葉です。あきめずに努力できるということは、**その人にとって大きな才能の一つ**だと思っています。生まれ持って手にした抜きん出た才能よりも、地道で退屈な努力をコツコツと続けられる能力のほうが、成功するためには不可欠な要素であると感じています。

『したい人、10000人。始める人、100人。続ける人、1人』という作家・中谷彰宏氏の有名な言葉があるように、やりたいと思っていた1万人のうち、最終的には9999人

が挫折することになります。そして、続けた1人だけが「成功を掴む可能性がある人」というわけです。諦めることは簡単だからこそ、とにかく続けることで少数派になるのです。これは私自身も本当に実感しています。もちろん、ただがむしゃらに続ければいいわけではなく、**考えながら、行動しながら、継続していくことがすごく大切なことなのではないかと思います。**

「1・01の法則と0・99の法則」という努力の考え方があります。

1を何回かけても答えは1になりますが、1・01の場合、365をかけると「37・8」になります。逆に、0・99に365をかけると「0・03」となります。

これはつまり、**毎日1％の努力を積み重ねると、1年で「37・8倍」になりますが、逆に1％ずつサボれば少しずつ衰えていき、「0・03」とマイナスになるということです。**

1日の1％はたったの15分、ちょっとしたことを毎日続けるだけで、1年後には天と地の差です。**世の「プロ」と呼ばれる人たちは皆、やめなかった「アマチュア」の事**ですからね。諦めたらそこで終わりです。少しでも大丈夫。毎日続けてみてください。

POINT

あきらめないことを〝あきらめない〟こと。
その気持ちが成功を手にする「切符」に変わる

04 小さなことほど丁寧に。当たり前のことほど真剣に

「小さなことほど丁寧に。当たり前のことほど真剣に」これは全日空（ANA）が大切にしている習慣です。とあるCAが先輩から言われた「オレンジジュースが〝特別〟だと思われるくらいの渡し方をしなさい」という言葉を受け、機内でお客様に飲み物を渡すときに実践したところ、「おいしかったよ」と言われる回数が増えたのだとか。すべてのお客様を笑顔にする最高のサービスを提供できる秘訣はまさにこれだなと思いました。

小さなこと「だからこそ」丁寧にやる。当たり前のこと「だからこそ」真剣にやる。こういうマインドは人生全般においてすごく大切だと思っています。

このようなマインドを持って仕事に真剣に取り組むことで、周りの人々からは**「この人は信頼できる」「この会社は信頼できる」という良い印象を与えることができます。**そのため、自分自身のキャリアアップだけでなく、周りからの信頼を得るためにも必要不可欠な心得なのです。

『信頼を積み重ねるのは20年、失うのは5分』というウォーレン・バフェット氏の有名な言

葉があります。関係を築くのは時間がかかりますが、場合によっては一瞬にして崩れてしまうもの。それだけ信頼というのは「繊細なもの」なのです。信頼構築のためにも次の3つは必ず徹底するようにしましょう。

- 時間や約束事は必ず守ること
- 目の前の物事に一生懸命に取り組むこと
- ミスをした時には素直に謝ること

やはりどんな仕事をするにしろ、**小さなことを怠ったり、適当にこなすような人にチャンスや大きな成果は待っていません。**そこには必ず穴が空いているものです。

当たり前を当たり前だと思わないこと。私たちが「当たり前」に思っていることも、**他の人からしてみれば「当たり前」ではなく「特別」かもしれません。**この小さな想い一つひとつが大きな信頼関係を生み、さらに心までも豊かにしてくれるはずです。

POINT

一つひとつ丁寧に真剣に仕事に取り組むことで大きな信頼を構築することができる

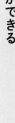

05

「一流」とは誰よりも失敗し、誰よりも学んだ人

「うまくいかなかったらどうしよう……」「失敗したときの周りの目が気になる……」

あなたは何かに挑戦するときに、「失敗することが怖い」と考えたことはありますか？

この考えを払拭しない限り、他の人と何の変わりのない平凡な人生を歩むことになってしまいます。では、本当の一流と呼ばれる人たちの共通点は何でしょうか？

それは、**失敗を恐れずに挑戦し、失敗から学び続けることで、より自分自身を成長させているということです。**

「あの人は才能があったからうまくいったんだ」と考えがちですが、決してそういうことではありません。

あのココ・シャネルは70歳の時にファッションショーを開くも「古臭い」と一蹴されましたが、めげずに服作りに専念し、ブームを巻き起こすことに成功しています。ケンタッキーフライドチキンのカーネル・サンダースは1500店舗以上にフランチャイズを断られていますす。それでも諦めることなく真剣に真正面から立ち向かうことで、成功という道を手にす

ることができました。ヘンリー・フォードは「給料が安い人たちでも購入できる車をつくる」と意気込み会社を設立するも、わずか21台製造しただけで倒産。その後も会社を立ち上げては倒産の繰り返しで、計5回の破産を経験。それでも諦めずに挑戦し、後に1600億ドルもの収益を生み出す自動車会社「フォード・モーター」の創業者として成功するのです。さらに、あのウォルト・ディズニーですら、会社を3回倒産させ、テーマパークも市から建設拒否されるなど苦難の道を歩んだ後に、総資産720億ドル以上の会社として成功させています。

「天才」のように見える人たちこそ、誰よりも挑戦を繰り返し、誰よりも失敗を重ね、失敗から学び、同じ過ちを繰り返さないように次へ活かす。つまり、**誰よりも見えない部分で並ならぬ努力をしているということです。**

一見うまくいっているように見える人たちは例外なく挑戦し、失敗し、そこから学び「成功」を手にしているワケです。

「**失敗は貴重な人生の糧になる**」と捉え、果敢にチャレンジしていきましょう。

POINT
世の偉業を成し遂げている人は、失敗から学び続けた人

06

勇気は一瞬、後悔は一生

何か新たなことを始めるときには、物事の大小にかかわらず必ず「勇気」が必要です。その少しの勇気すら振り絞れずに「現状維持」を選択している人が多いように感じます。必要なのは、ほんの少しの勇気だけ。**その一歩が大きな人生の転機となる**可能性も大いにあるワケです。その勇気が出せなかった後に残るのは「大きな後悔」です。「あの時こうしておけばよかった……」と。

後悔するなら、やらなかった後悔よりも、やった後悔です。やらなかった後悔ほど悔やむものはありません。「やらなきゃ良かった」と思うことはあっても、必ず新たな発見ができたり、何かしら学ぶことができているため、**最終的にマイナスになることはありません。**

私の友人の恋愛話で「あの時告白しておけば……」という後悔話をよく聞きます。「今頃その子と結婚していたかも」と。そんな都合いい話でもないだろうとは思いますが、ほんの少しの勇気を振り絞れば叶っていたはずの機会を自ら放棄していたようなものです。一生悔やみ続けるほどもったいない人生はありません。

「やらない後悔」は自己肯定感の低下にもつながります。これを溜め込んでしまうと、人生にかなりの悪影響を与えてしまいます。自分を肯定的に捉えることができなくなり、自責の念が強まり、幸福度や健康度も低下し、人生の質が下がっていく……といったまさに**「負のスパイラル状態」**に陥ってしまう可能性も。

長い間その後悔が続いてしまう理由は、「もしやっていたら成功していたかもしれない」という可能性はゼロになり得ない（挑戦すらしていないので結果がない）ことから、いつまでも後悔し続けることができてしまうため、その度合いによっては一生後悔し続けることになるというわけです。

少しでもチャンスを見つけたら迷わず飛び込むこと、そして変化を恐れないためにも、「根拠のない自信」を大切にしてください。「自分なんて……」と考えると踏み留まってしまうので、「自分だからこそ」「これはいける」と無理やりにでも頭の中で前向きに思考してみましょう。この癖がつくと、本来発揮できる力を自分の中に仕舞い込んでいたことに気づきますし、思っていた以上にうまくいく体験が増えるはずです。

POINT
人生を変えるのに必要なのは、ほんの一瞬の勇気のみ

07 時間の余裕は「気持ちの余裕」からつくる

あなたはいつも時間ギリギリに行動していませんか？

時間に追われるように急いで出社するサラリーマンを毎日のように駅で見かけます。しかも、時間の余裕がないことから、心の余裕まで無くなってしまいイライラ。それが顔にも全面に出ていて、ほとんどの人が暗くムスッとした顔で通勤しているのです。そんなイライラな朝から始まる一日で「今日も最高の一日だった！」となるはずがありませんよね。

まずは自分の習慣を見直すことから始めましょう。いつも何時に寝ているか？　いつも朝何時に起きているか？　いつも朝の準備に何分かかるか？　など逆算してみてください。

いつも電車がギリギリなら**5分早く起きてみる**。時間ギリギリに起きているなら、**少し早く寝て早めに起きてみる**。すると、**いつも以上に時間がゆっくりと感じ、自然と心にもゆとりが生まれます。**

いつも朝食を食べる時間が無いのなら、優雅にコーヒーを飲みながら朝食をとってもいい。いつも急いで出社しているのなら、少し早めに家を出てゆっくり出社してもいい。こういう気持ちの余裕が「**時間の余裕**」をつくってくれます。

心にゆとりができると、仕事や人間関係もうまくいきやすく、結果的にその日一日も素敵な一日で締めくくれるのです。

朝の時間に限らず、日中も同じです。どれほど忙しくても、1日30分~1時間を捻出することは難しくありません。**忙しいままなのは「改善する意思がない」ことが原因**と言えます。

何をするにもダラダラと進めてしまい、時間の使い方を改善しようとする気がなく、行動に移せていない可能性が高いです。

大抵の仕事は計画性を持つことで1割以上は効率改善を図ることができます。「自分のタスクを洗い出し優先順位をつける」「無駄な時間をなるべく省く」「普段から10分前行動を心がける」など、日頃からの意識が非常に大切です。

この習慣が続けば、常にゆとりを持つことを忘れず、毎日ご機嫌に生きていくことができます。**心の余裕は、時間的余裕そして精神的余裕を生む。そして人生においてのパフォーマンスを上げてくれる。**この事を決して忘れないようにしてくださいね。

POINT

何事にも早めの準備・行動を心がけると、気持ちに余裕が生まれる

08

仕事に対して積極的に「やらせてください」と言う

積極性のある新人は非常に好かれます。「**おもしろそうですね！**」「**ぜひやってみたいです！**」このように提案された意見に少しでもワクワクを感じたら、率直にやりたい意志を伝えることが大切です。

私も前向きに取り組む姿勢を心がけた結果、上長に気に入られ、精鋭チームに配属されることになり、やり甲斐のある大きな仕事を任せてもらうことができました。**一度気に入ってもらえると、会社の中ですごく立ち回りやすくなるというわけです。**

日々積極的に仕事を進めていると、「君にこの仕事を任せたい」と言ってもらえる機会が増えたり、**ふと大きなチャンスが舞い込んでくる可能性も格段に高まります。**

何事も行動を起こさないと、結果は表に出てきません。だからこそ、失敗を恐れ保守的になるのではなく、自ら挑戦する姿勢を見せ、上司や周りを後押しできるような人材が常に求められているのです。新人であればなおさらです。

会社という組織の中には、本当にいろんなタイプの上司がいます。「何かあったら俺がフォローするからやってみろよ」と背中を押してくれる上司ばかりとは限りません。

そこで諦めるのではなく、むしろ「私にやらせてください！」と言える部下、つまりは積極性を持った「あなた」がいれば、保守的だった上司にも「よし、これに賭けてみるか！」と挑戦する勇気を与えるキッカケになるかもしれません。

「やらせてください」と果敢に新しいことに挑戦していくことが、自分の能力を飛躍的に伸ばすチャンスになるのだと捉えましょう。

繰り返し挑戦することで同期とは比べものにならないくらいのスピードで成長していくことができます。たとえ引き受けた仕事がうまくいかなくたってかまわないのです。**その経験そのものに大きな価値があり、**この積み重ね自体が**人として大きく成長することにつながる**ワケです。

妥協せず、「誰よりも結果を出してやる」。これぐらいの強気な姿勢で仕事に挑むようにしましょう。

その気持ちは必ず結果として表れ、やがて大きく報われるはずですからね。

POINT

どんな仕事も積極的に挙手しておくと、「チャンス」が巡ってきやすくなる

09 他責思考ではなく「自責思考」

自責思考とは、自分の行動による結果は「**自分に責任がある」と考える**ことで、他責思考とは自分の行動による結果は「**他人に責任がある」と考える**こと。まさに思考停止の状態です。「誰かがなんとかしてくれる」といった他責思考的考え方が身についてしまうと、本当に厄介です。なかなか抜け出せずにネガティブ人間の沼にハマってしまうことも。

すぐに他人のせいにする人は、信頼を失いやすく、人も簡単に離れていきやすいです。

私の前職時代にも責任転嫁が大得意な人がいましたが、周りからの評価は断トツで低く、人間関係もうまくいっていないようでした。私の体験からも間違いないです。

自責思考が大切な理由は、主に次の3つです。

- 自分の問題を解決するために積極的に行動し、成長できる
- 自分の能力や価値を高めるために努力し、自信や満足感が得られる
- 自分の過ちを認めて反省し、次に活かすことができる

その一方で、他責思考がダメな理由は主に次の3つです。

- 自分の問題を他人や環境のせいにして逃げることが多く、成長しづらい
- 自分の能力や価値を低く見積もり、自信や満足感を失いがち
- 自分の過ちを認めずに言い訳や責任転嫁をすることが多く、信頼や協力を失いやすい

つまり、**他責思考よりも自責思考を推奨する大きな理由は、結果的に自分の「成長」や「幸せ」につながる考え方だからです。**ただし、過度な自責思考はストレスやうつ病の原因になることもあるので、**バランスをとることも大切**です。過度に自分を責めたり、他人を責めたりしないこと。時には「誰のせいでもないこともあるよね」くらいに考えて物事を少し楽観的に見る視点も必要です。自分を大切にすることは最低条件として、自らを追い込みすぎないように気をつけてくださいね。

POINT
自責思考が「成長」と「幸せ」を生む

10 「なんとかなる」ではなく「なんとかする」

よくある失敗ケースに**「物事を楽観的に考えすぎる」「他人のせいにする」**があります。

私の経験上においても「なんとかなるか（誰かがなんとかしてくれる）」と考えすぎて、行動が伴わずに期日に間に合わなかったり、作成を依頼されていた資料が想定されていたクオリティに仕上がらずに上司に詰められたり……なんてことがありました。

悩み込むことを避けたり、失敗を引きずらないためにも、「なんとかなる」と少し楽観的に物事を見ることは大切なのですが、**他責で生きるのは自分の人生を他人任せにすることになってしまう**ので、あまり好ましくありません。**本当に大切なことは、自責思考で「なんとかなる」ではなく「なんとかしてやる」という気持ちです。**

周りからの評価が明らかに上がった行動パターンとして「なんとかしますと前向きに発言する」があります。

上司から「あまり日にちがないから厳しいかもしれないけど、これとこれお願いできる？」と言われたときには**積極的に「なんとかします！」と答えて最大限の努力をしてみる**ことが大切です。無理だと思うようなことも、意外となんとかできるものです。

日頃から「なんとかする」という気持ちを大切に行動し続けた暁には、思いがけないチャンスが舞い込んでくる場面も増えます。大抵の仕事は、自分が努力すればなんとかできることばかりですからね。ただし、無理しすぎる必要はないので、**本当に無理だと感じたら「ハッキリとNOと言える勇気」を持っておく**ことも忘れないでください。人生には本当にどうにもならないこともあるわけです。そんな時に単なる根性論で耐え忍ぼうと頑張っても、無駄にエネルギーを消耗してしまうだけです。

「自分ではどうにもならないこと」をうまく見極め、なんとかできることは「なんとかする」ことが大切なのです。

すぐに実行していくのも難しいと思うので、少しずつ意識的に取り入れてみてください。

まずは自分のことを信じてあげることから。**自分の可能性を一番信じてあげることができるのは自分自身**です。自分に程よく期待し、自分を大切にすること。この意識が日々の行動、そして結果へとつながっていくはずです。

POINT
常に前向きに発言し、自責思考で必ずやり遂げること

11 失敗の先にしか成功はない

人生において「失敗」はつきものです。これを避けて通ることができる人はこの世にいないはずです。しかし、誰しもが人生で何度も経験するであろう失敗に対する「考え方」次第で日頃の行動は変わります。

よくある失敗への考え方として陥りがちなのが、「失敗は怖い」「うまくいかなかったら次はやらない」「何回か失敗したら〝自分は才能が無い〟と考える」です。

決して失敗は恐ろしいものでもなければ、一回や二回チャレンジしたところでうまくいかないことなんてザラですし、何度も失敗したからといって才能がないという話にはなりません。**「失敗」はその過程で必ず自分の血肉になっているものです。**

『才能がないことも、ひとつの才能』という実業家ROLAND氏の言葉があります。**才能がないからこそ、徹底的にその仕事に対してポジティブに向き合い、努力し続けることができるというわけです。**

その努力を積み重ねることができると、いつか必ず自分の中に眠っていた才能が開花すると思っています。その才能に自分自身が気づいてやることが大切です。

つい私たちは「失敗」か「成功」か、の二極化で考えてしまいがちですが、実際はそうではありません。

正しくは「**失敗を重ねた先にしか成功は待っていない**」です。失敗を恐れて何もしない人生より、たくさん行動に移し、失敗から学び成長し、乗り越えていく人生の方がより豊かな人生が待っているに違いありません。

何度失敗しようと諦めずに行動し続けていれば、必ず成功に近づいていきます。

たとえば、100回挑戦すればクリアできていたはずのゲームを99回目でやめてしまったら……。言うまでもなくその先はありませんよね。**あと1回やれば成功できるかもしれない。**そんな気持ちが大切だと思っています。

成功よりも「成長」にフォーカスすることができると、失敗を恐れずに挑戦を楽しむことができるようになります。この意識を忘れないようにしてください。すると、数年後、数十年後には想像もしていなかったような美しい未来が待っているはずです。

POINT

失敗を重ねる事こそが「成功」へとつながる道をつくる

12

判断は損得よりも「ワクワクするか」どうか

ハッキリ言いますが、仕事や人生の分岐点に立った時の判断基準は「損得」ではありません。**「ワクワクするかどうか」を判断基準として持つことが大切なのです。**

「これやったら得するよ」「これやらないと損するよ」という言葉に惑わされてはいけません。本当に信じるべきは、自分の心の声です。

実は、話の上手い営業マンは「これを買うと得しますよ！」とお客様に直接伝えたりはしません。**「これを買って喜んでいる奥さんの顔を思い浮かべてみてください」**と伝えるのです。

そのお客様にとって本当に大切なことは「損か得か」なんてことではなく、**「そこにワクワクする気持ちがあるかどうか」**なのです。お客様にがむしゃらに「これはお得ですよ！」とお伝えするよりも、相手の中にポジティブなイメージを膨らませた方が「売れる」ワケです。

本当に伝え方が上手いと言われている人たちは皆、このテクニックを駆使しています。そのくらいワクワク感って大事なんですよね。

損得勘定でもなく、正論でもなく、**人は「感情」で動く生き物**です。自分自身に対しても同様に「ワクワク」を感じさせることで、行動しやすいように思考することができます。この心から湧き上がる高揚感が重要なのです。

人付き合いにおいても同じことが言えます。

たとえば、職場の先輩から「飲み会行かない?」と声をかけられたとき、「その飲み会に行って自分に得があるのか」と考えるのではなく、**その誘いを聞いて「自分自身がワクワクしたかどうか」にフォーカスすると判断しやすくなります。**

この判断基準は人生全般においてすごく重要な指標となります。選択せざるを得ない状況下で、どうしても冷静な判断ができなくなったり、決断できない自分を責めてしまったりすることがあるかと思います。

そんな時にこそ、「**どちらを選択すれば、ワクワクと気持ちが高まるか**」で判断するようにしてみてください。

すると、必ずこの先後悔のない道を歩んでいけるはずです。

POINT

人生で迷った時は、心のワクワク感で決断する

13 現状維持は「衰退」と同じ

現状維持と聞くと一見どこも悪くなさそうに思えますが、**まさに「思考停止」の状態でただ何の変哲もない毎日を生きるだけの日々なので、本当にもったいないです。**

しかし、驚いたことに世の中の大多数はこの「現状維持」を選んでいるのが現実です。なぜなら、その方が何も考えずに面倒くさいこともしなくていいので、気持ち的に楽に過ごせるからです。人間はすぐに楽をしたがる生き物なので、面倒なことを嫌います。そして人間の生存本能的にも変化を避ける傾向にあります。結果的に変化を恐れ行動できないのです。

では、現状維持がなぜダメなのか？　その理由を大きく3つに絞ると、**「新しい知識や技術が開発される」「周囲の人は成長していく」「身体的老化は止められない」**です。

現状維持では周りとの差はどんどん広がっていき、何もせず止まっているだけで実質的に「衰退」することは明らかです。当たり前ですが自分は止まっていても、周りは止まってはくれませんからね。**気づかぬうちに時代に取り残される**ことになってしまうのです。

現状維持から抜け出すためには、**「目標を設定する」「挑戦することを楽しむ」「失敗を恐**

れない」の3つが大切です。この意識を持っていれば、日々成長を止めることなく今後の人生を歩んでいくことができます。

まずは大きくても小さくても良いので「目標」を設定すること。そして挑戦する際には、ハードルを上げすぎると一歩が踏み出しづらくなるため、極端にハードルを下げること。「まずはやってみる」くらいでOKです。**何をやったとしても「いい経験になる」**と考えるようにしてみてください。すると、いろんな物事に対して取り組む姿勢が身につき、自然と失敗を恐れずに挑戦を楽しめるようになっていきます。

ウォルト・ディズニーも次の言葉を残しています。

『現状維持では後退するばかりである』

もし仮に今日の自分と来年の自分が同じだった場合、時間が経っているのに「同じ」ということは「成長していない」のではなく、「価値が減少」しているということです。

毎日少しでも自分の価値を高める意識を持って行動していきましょう。

POINT

現状維持は自分の「価値」が減少する。
どんどん新しいことに挑戦し自分の「価値」を高めよう

14

「ムダなプライド」はさっさと捨てる

多くの人は「プライド」が邪魔し、自らの行動を抑制していますが、**成長を大きく阻害する要因になってしまっている**ため、本当にもったいないなと思います。

ムダなプライドを捨てた方がいい理由は、成長スピードを高めることができ、より人生が豊かになるからです。

ここで言う「ムダなプライド」とは、自分の非を認めなかったり、他人の意見を聞かなかったり、自分の立場を守るために嘘をついたりするようなプライドのことです。

ムダなプライドを捨てるためには、ありのままの自分を受け入れたり、他人の感情や考え方を理解しようとしたり、謙虚に学ぶことが大切です。すると、他人との関係やコミュニケーションもより良くしていくことができます。

あの金八先生（『3年B組金八先生』【TBS系】）の名言に『**裸になった人間はそれだけ強くなれるんだ**』という言葉があります。裸になるということは「ありのままの自分を受け入れることで人は強くなる」ということです。

プライドが高い人は、自分の弱みを受け入れられていないため、常に他者からの評価を恐れます。

本当に強い人というのは「ありのままの自分を受け入れることができている人」です。

たとえば、うまく話せないことを気にしている人に対して「話下手だね」と言うとその人は傷つきますし、いつも後先考えずに行動してしまう人に対して「本当に計画性ないよね」と言うとその人は傷ついたり、腹を立てたりします。

でも、うまく話せないことをその人自身が受け入れていれば「流暢に話せない分、慎重に言葉を選んで話せるんだよね」と言い返せますし、計画性のないことをその人自身が受け入れていれば「考える前にまずは動く行動力が自慢だからね」などと言い返せるくらいの気持ちで生きていくことができます。

このように受け入れられている部分が多いほど、他人からの評価にも強くなれます。ムダなプライドがあると損する人生を歩むことになってしまうので、そんなものは割り切って捨ててしまい、素直に謙虚に生きることを目指していきましょう。

POINT
ムダなプライドは捨て、自分を受け入れ、素直に謙虚に生きよう

15 短所を克服するより、長所を磨く

あのＵＳＪの経営をＶ字回復させたマーケティングの神様と言われている森岡毅氏が、林修先生の番組内で『弱みを鍛えても給料は増えないし、弱みが強みになったのを見たことがない』とお話しされていました。特に印象的だったのは、「**バランスの悪い人間になれ**」という話。全体的に平均のとれている人間を目指すのではなく、一点だけ突き抜けているような人間を目指すことが、自分の人生を成功させるための最適解であるということです。**苦手を克服するよりも得意を伸ばす方が圧倒的に早いのです。**

今自分が当たり前のようにできていることは、他人からしてみれば「当たり前」ではないかもしれません。**自分の本当の強みというのは思いがけないところにあるもの**です。

偉業を成し遂げた多くの著名人や成功者はなんらかのきっかけで自分の強みとなる優れた能力に気づき、それを伸ばすことによって世の中に素晴らしい価値を残せる存在となりました。そんな彼らが不得意なところだけ克服しようとしていたならば、きっと今のような素晴らしい爪痕を残すことなく、ただの「平均を目指すごく普通の大人」として社会のどこかに

埋もれたままだったかもしれません。

弱みは克服しようとするのではなく「埋める」という意識が大切です。不得意な部分は他の人に補ってもらえばいいのです。もちろんそのためには、「自分は何をすべきか」をしっかりと考え行動する必要があるので、自分はどのように他者に貢献できるかを言語化して把握しておくと、いざというときでもチームとして補い合って仕事を進めていくことができます。

私の好きなユダヤの格言の一つに、**『人間の最大の長所は欠点があること』**という言葉があります。多くの人には「完璧じゃないといけない」という思い込みがありますが、実際のところ欠点のない人など誰一人と存在しません。人は長所で尊敬され、短所で愛される生き物。**自分を隠そうとせずありのままの自分を愛し輝かせて生きることで、本当の意味での「人生の勝ち組」になれると思っています。**

まずは自分の強みを知ること。知るだけでも幸福度は9・5倍上がると言われており、強みを日常に活かすことができると幸福度は19倍にまで上がると言われています。本当の自分の強みを把握し、その強みを磨いていくことを日々意識して行動していきましょう。

POINT
自分の強みをとことん磨き、バランスの悪い人間を目指そう

16
時間とは「命の残り時間」

よく「時は金なり」と言われますが、私はそう考えるよりも「時は命なり」と捉えるべきだと思っています。前者は「時間はお金と同様に貴重なものだから決して無駄にしてはいけない」ということわざですが、ここで意識してほしいのは**「時間＝命」**だということ。

お金は失ってもまた生み出すことができますが、時間は命と同じく失ってしまうと二度と取り戻すことができません。人は誰しもが、この世に生まれてから時計の針が進むとともに死に向かって生きているのです。まさに今この瞬間もです。

唯一、全人類平等に与えられているものがあります。それが「時間」です。あのビル・ゲイツもイーロン・マスクもウォーレン・バフェットもあなたも私も、平等に1日24時間が与えられているわけです。だからこそ、**自分の残り時間を意識することで生き方が変わる**ということです。いつ何が起こるかなんて誰にもわかりません。もしかしたら、明日自分の身に何かが起こるかもしれません。

『もし今日が人生最後の日だったとしたら、この選択や行動は後悔しないだろうか？』というスティーブ・ジョブズの言葉を、その日仕事を始める前に常に自分自身に問いかけてみるようにしてみてください。すると、「本当に今日やるべきこと」や「やりたかったこと」が見えてくるはずです。

今日という一日は、「誰かが本気で生きたかった明日」かもしれません。何かを言い訳にして逃げてる暇なんて1ミリもありませんし、後悔してからでは本当に遅いのです。あなたがダラダラとテレビを見たり、スマホを眺めたりしているその時間を自分の夢を叶えるための時間に充てるだけでも、何か変わるかもしれないのです。

そんな日々を過ごしていると、「あの時こうしておけばよかった……」と必ず悔やむことになります。時間は命と同じくらい大切に扱いましょう。

最後に、時間に対する考え方として私が大切にしている言葉をお贈りします。

『永遠に生きるつもりで夢を抱け。今日死ぬつもりで生きろ』

ジェームズ・ディーンの背筋が伸びる大好きな名言です。この言葉を心にブックマークしていただき、日々後悔のないよう行動していってもらえたらと思います。

POINT
命の残り時間を無駄にせず、一分一秒を大切に生きよう

17 心配事の9割は本当に起こらない

アメリカのミシガン大学の研究チームが行った調査によると、「心配事の80％は起こらない」とされているので、本当に起き得るのは残りの20％。ただそのうちの8割は、あらかじめ準備して対応すれば心配事には至らずに解決できるもので、**そのときにならないと手の打ちようのない「本当の心配事」は全体のたった4％にすぎないとされています。**

この数字を知ると、心配事に脳を支配されてしまうのは非常に時間効率が悪いということがわかります。考え込んだところで「ムダ」だということです。過去の事はもうどうしようもないですし、未来のことは考え込んだところで仕方がありません。

悩みの種は自分自身で生み出している「幻想」なので、悩めば悩むほど膨らんでいってしまいます。つまり、心配事は実体のないことや未来のことに対して感じるものであり、現実にはほとんど影響を与えないものなので、**「受け流す、気にしない、深追いしない」**の三大原則を厳守するようにしましょう。

特に、心配事を抱えているせいで行動できないことが最悪のパターンです。「こうなったらどうしよう……」と考えていても仕方ありません。悩み込んだところで現実世界は何も変わらないからです。

このような不安や心配事は「行動」で打ち消すことができます。それに準備すれば解決するようなものであれば、しっかりと準備さえしておけば何の問題もありません。

やってみたら意外となんとかなった。想像以上にうまくいった。あんな心配しなくても良かったんだ、と感じるはずです。

結果的には行動を起こさないことには何も始まらないですし、ただ悩み込むだけでは悩みそのものや不安という種を膨らませ、自分を苦しめてしまうだけです。

自分で自分の首を絞めるようなことは極力避けるようにしてください。もしその心配事が本当に起こったのなら「4%の確率に遭遇するなんて、むしろラッキーだな」「これも経験のうち」と前向きに捉えればOKです。ネガティブに考え続ける必要などありません。

勝手に悩みを生み出し、不安を大きくさせ、勝手に苦しむような生き方は卒業し、行動を起こすスピード感への意識を高め、悩みや不安を吹き飛ばしていきましょう。

POINT

心配事は自分で作り上げた「幻想」。
悩み込まず、まずは行動することが不安解消のコツ

18

「今日」が人生で一番若い日

「今日が人生で一番若い日」とは、今日という一日はこれからの人生の中で一番若い日を生きているんだということを改めて自分自身に誇示してくれる考え方だと思っています。**夢に向かって行動する絶好のチャンスの日なのです。**「一粒万倍日」のように、運気の高まる日に何かをスタートさせるとよいという風習がありますが、ハッキリ言って、365日いつ何時関係なくその日が物事を始める吉日なのです。

そして、**「今日は未来の自分のために新たな一歩を踏み出す日」と心の中で唱えることで、格段に行動しやすくなります。**つい見失いがちですが、私たちは一日が終わるたびに「死」に近づいているのです。これは紛れもない事実です。

人生を砂時計に例えると、**「約3万粒入った砂時計」**なのです。1日進むごとに1粒下に落ちていきます。その3万粒の中には、1つだけ金の粒が混じっていて、その金の粒が落ちると、他の粒もすべて落ちてしまいます。3万粒すべて落ちるとそれはつまり「死」を意味します。残りの粒が少なくなるにつれて、死の確率は高まっていくのです。

貴重な人生の時間が減っていく中、**行動を止めている暇はありません**。新卒で約8000日、30歳で約1万1000日、40歳で約1万5000日の時間を既に失っているのです。

しかし、何かを始めるのに遅いなんてことはありません。ケンタッキーフライドチキンを創業したカーネル・サンダースは日本では定年とされる65歳を過ぎてから事業で成功しています。1930年にオープンしたサンダース・カフェは人気店となりましたが、高速道路ができてしまい売上が激減。店を廃業し、税金や未払い金を払うと手元にはほとんどお金が残らず、残ったのは毎月もらえる105ドルの年金のみ。そんな大きな挫折を味わった彼は「何か自分にできることを見つけて生涯働き続ける」と決意し、その5年後にはアメリカとカナダで400店ものフランチャイズ展開に成功しました。

つまり、**自分自身への絶対的信頼と「生涯働き続ける」という決意**こそが、世界中にケンタッキーフライドチキンを広める原動力になったのです。

挑戦すると決めた人に年齢など関係ありません。年齢を言い訳にして挑戦しない人が多い中、その波に流されてはいけません。今日が人生で一番若い日なのです。

POINT
人生は常に今この瞬間がピーク。思い立ったら迷わず挑戦する

19 人生のライバルは常に自分自身

私は20代前半の頃、つい周りの人と比べてしまう癖がありました。

たとえば、「自分は中古の軽自動車なのに、あの人は同い年で高級車に乗っている……」「あの人の方が自分よりも格好よくてお洒落……」「あの人の方がいい大学に通っている……」など、本当に比べ出したらキリがありませんが、当時の私はそんな「無意味」なことを無意識レベルに頭の中で繰り返していました。**人と比べることには「デメリットしかない」**ということを知らなかったからだと思います。この事を知らなければ未だに周りと比べてばかりいたかもしれません。

人と比較すると、自分の長所や個性など本当にいい部分を見失ってしまったり、自信をなくしたり、嫉妬や劣等感に苦しんだりすることになります。これは自分の幸せや成長に大きな悪影響を及ぼします。まさに**自分自身で生きづらい人生をつくり出しているようなもの**です。

実はアメリカの研究によると、**他人と比較する癖がある人は「IQが下がり続ける」**と

いうことが報告されています。さらに、SNSで他人と比べてばかりいるとうつの症状を引き起こすなど「不幸になる」ということが判明しています。

このような研究からも悪影響であることがわかっているので、その癖は一刻も早く直すことが大切です。

人と比較しないようにするためには「自分自身と比べること」です。自分の過去と現在を比べて、どれだけ成長したかを認めることが大切です。

また、自分の強みや得意なことを見つけそれを伸ばしていくことも重要です。**「他人は他人、自分は自分」**ですからね。生まれた環境も違えば、年齢も経歴も立っている土俵もまったく異なるのに比べたところで何の意味もないわけです。このマインドを絶対に忘れないようにしましょう。

「ないものねだり」ではなく「今目の前にあるもの」に感謝することで、幸せを感じやすくなります。**「足るを知る」ことが大切です。自分に与えられたものや周りの人に感謝することを忘れないようにしましょう。**

最後に、私の大好きなオードリー・ヘプバーンの名言をお贈りします。

『他人と比べる必要はありません。あなたはあなたらしく生きればいいのです』

これからの人生、ありのままの「あなたらしさ」を大切にしてくださいね。

POINT

他人は他人、自分は自分。自分らしくありのままに生きよう

第2章

驚異の新人の「仕事術」

20

遊ぶように仕事をする

目の前の仕事をただ真面目にこなすだけでは、その仕事に対するやりがいを感じにくく、「つまらない」と飽きを感じやすくなり、「仕事＝つらい」になってしまいがち。本来はまるで「遊ぶ」かのように仕事に取り組む姿勢が大切です。

仕事は「やらされるもの」ではなく「自ら率先して見つけるもの」なのです。主体的に行動し、仕事のやりがいを見つけることで、より楽しく働くことができます。アルバイトでも同じように「〜しなさい」と言われてやる仕事よりも、「〜しますね！」と率先して動く方が仕事に面白味を感じますよね。**「言われたことだけをやるのが三流。言われたこと以上のことをやるのが二流。言われなくてもやるのが一流」**だと思っています。

このような働き方を意識することで、創造性やモチベーションを高めることができるとともに、自分の成長や貢献を感じられるため、達成感や充実感を得ることもできます。まさにこれが**「やりがい」につながる**のです。

遊ぶように仕事をするコツは、まずは「バランス」をとること。**仕事も遊びも極端になら**

ないように、適度にアクセルとブレーキをかけることが必要です。仕事と遊びの質や量、メリハリのバランスをうまく調整しましょう。

次に、「目標を設定」すること。達成したら自分にご褒美をあげるなど、仕事を楽しくする工夫を心がけると、**達成感を味わうことができ、その先の楽しみが待っていると頑張れるため、より毎日の仕事に楽しんで取り組むことができます。**

そして、「新たなチャレンジ」をすること。仕事に新しい要素や刺激を取り入れることで、遊び感覚を高めることができます。テレビゲームでも毎日同じことを繰り返すのではなく、定期的にアップデートが実施され、新たな要素が加わるゲームの方が面白味を感じ、続けたくなるものです。**仕事も自分の興味や関心に沿って、日々新たな要素を加え、新しい分野や技術に挑戦すると飽きることなく楽しく仕事を続けていくことができるはずです。**

このように、**仕事を「ゲーム感覚」で捉えると**仕事を楽しむことができますし、生産性や幸福度アップにもつながります。

「仕事は楽しい遊び」だと考えて日々楽しむことを心がけてみてください。

POINT
主体的に仕事に取り組むことで、ワークライフはより一層充実する

21 デキる人から盗んで真似る

仕事を上達するための最短ルートは「自己流を極めること」ではなく「デキる人から盗んで真似ること」です。「自己流は事故る」と言われるように、いきなり自分のやり方でやろうとしても、そう簡単にうまくいきません。

「守破離」という日本の伝統的な人材育成の考え方があります。守破離は、「守」「破」「離」の3段階で構成されており、「守」は、上司や先輩から教わった仕事のやり方やルールを忠実に守り、**確実に身につける段階**です。この段階では、指示に従って仕事をこなし、基本的な知識やスキルを習得します。「破」では、他の上司や先輩の仕事のやり方やルールについても考え、良いものを取り入れ、仕事の効率や成果を高めます。この段階では、自分が学んだ仕事のやり方やルールを分析し、改良することで**自分に合ったより良い仕事のやり方やルールを見出します。**「離」では、上司や先輩から離れ、独自の新しい仕事のやり方やルールを生み出し確立させます。この段階では、その仕事に対する理解が十分に深まっているため、今までの仕事のやり方やルールに囚われることなく、**自分自身のオリジナルを追求する**

ことができ、そこから新たなプロジェクトやビジネスが生まれることもあります。

このように、「守破離」のステップを意識することで、一人前に洗練されたビジネスパーソンとして活躍していくことができるのです。いきなり自分のやり方を生み出そうとせず、まずは教えを忠実に守り、うまくいっている上司や先輩の思考や行動を真似る。その段階から少しずつステップアップしていけば良いのです。

私もSNSの発信において口を酸っぱくして伝えるのは「まずはパクりなさい」ということ。丸パクりではなく、うまくいっている人が「どのように動いているか」「どのような投稿をしているか」などを分析し、そのやり方や型を真似しなさいということです。

これは仕事においても同じです。仕事がデキる人の考え方や行動パターンを分析し、真似てみるのです。**目標設定や優先順位、考え方や説明の順序、仕事の捌き方、時間管理や息抜きのタイミングなど、「この人から学びたい」と率直に感じた自分の目指す方向性や価値観に合った人から学びましょう。**変なプライドや固定観念は捨て、まずは「真似ること」を意識してみましょう。その積み重ねが自分の仕事の質を劇的に変えていきます。

POINT

いきなり自己流で挑むのではなく、まずは「真似る」ことから始めよう

22

スピードと質を両立する

仕事のスピードと仕事の質の両方を意識するというのは、一見難しく感じますが、正しい習慣を身につけていればそこまで意識しなくても自然とできるようになります。

仕事の質は、常に「相手のニーズ」にあります。相手のニーズを満たすことができれば、それは「質の高い仕事」だと言えます。そのためには、**「相手の期待や要望を聞き出す」「相手の目的を把握する」「相手の状況や課題を理解する」といったコミュニケーションスキルが重要となります。**全体を見渡し、仕事の目的や背景、目標や期限などを明確に把握するようにしましょう。このように意識することで、仕事の優先順位や重要度を判断しやすくなります。

スピードと質を両立させるためには、まずは「すぐに取り掛かること」です。頭の中だけで考え込んだり、先延ばしにしてはいけません。後からかえって苦しい思いをすることになるので、優先順位をつけて早めに取り掛かることを意識しましょう。

まずはスピード感を持って6～7割程度で完成させ、その後に質を高めていけばＯＫです。いきなり最高のクオリティにしようとすると、どうしても時間がかかり、行動が遅くなります。早めに仕上げて余った時間で質を高めることに集中しましょう。

また、やり直しを最小限に抑え、二度手間を防ぐことが肝心です。そのためには、**指でさしながら発声して確認することで視線や意識を集中させたり、仕事を細切れにして何度も確認したり、一度離れてから再度確認することで新たな視点でミスを発見しやすくなり、やり直しを防ぐことができます。**もちろん、想定外の事態に備えて余裕を持ったスケジュールや対策を用意しておくようにしましょう。

そして、上司や先輩をうまく「活用」することです。上司や先輩の仕事に率先して協力することで、信頼や評価を得るとともに、適切なフィードバックを受けながら自分の仕事の質やスピードを向上させていくことができます。

上司や先輩の期待や要望、課題などを把握し、報連相を随時行い、建設的な意見やアイデアを積極的に提案していくことが大切です。

このように、日々の意識で仕事のスピードと質の両方をうまくコントロールすることができます。これからのワークライフに活かしてライバルと差をつけていきましょう。

POINT

完了主義が仕事のスピードを高め、適切な報連相が仕事の質を高める

23 すべては「結論」から話す

日本人は物事を順番に話すという特徴があります。「ああで、こうで、そうで、だから、こうなります」という風に前提から順に話しはじめ、徐々に展開して最後に結論に至るという話し方です。

たとえば、「この資料なのですが、先方からご指摘を受けて、この部分を〜のように直してほしいとのことでしたので、少し修正にお時間をいただきたいのですが、よろしいでしょうか」という流れで話します。これに対して、「**結論から話す**」ことで物事がシンプルに明確になり、短い時間で相手に必要なことをしっかりと伝えることができます。

この結論から話す方法としてオススメなのが「**PREP（プレップ）法**」という話の型です。Point（**結論**）、Reason（**理由**）、Example（**例え**）、Point（**結論**）**の順に意識して話すことで話の内容をより具体的にイメージできるようになります。**

たとえば、「（**結論**）この資料の修正に少しお時間をいただきたいです。（**理由**）なぜなら、先方から「この部分を〜のように直してほしい」とご指摘があったからです。（**例え**）前回の資料も同じような修正がありましたが、当日中には修正を終えられたため、今回の修正も本日中に対応できるかと思います。**（結論）**したがって、1〜2時間ほど資料の修正にお時間をいただけないでしょうか」のように、**結論を初めに伝えることで、話の要点を相手に伝えることができ、その後に話す理由や具体例を聞くときにも、結論を意識したまま話が入ってくるため、理解しやすくなります。**

私はうまく要点をまとめて話すことが苦手で、よく上司から「何が言いたいのかわからない」と言われていました。いろいろと悩んだ結果、伝え方の本を読み、このPREP法を実践したところ、自分としても今まで以上に話しやすく、相手にもしっかりと話が伝わっていることが実感できるようになりました。

どうしても日本人の思考は、経過があって、順番があって、最後に結論がきます。日本語の語順的にそうなっているからです。これを逆転させ、最初に結論がくるようにするわけなので「慣れ」は必要です。はじめはうまくできなくても問題ありません。日々意識的に実践して少しずつ身につけていきましょう。

POINT

結論から話すことで話のポイントが明確になり、相手に〝伝わる〟コミュニケーションが可能になる

24

常に相手の期待を超え続ける

仕事をする上で重要なのは「相手の期待を超え続けること」です。この意識が周りからの評価や信頼を得るための大きな鍵となります。そのためには**「相手が何を期待しているか」をしっかりと把握する**ことが大切です。求められていないことに時間を費やしたところで、結局その苦労は水の泡です。「この人は自分に何を求めているのか？」と相手の立場に立って考えてみましょう。

がむしゃらに言われたことだけをこなすのなら誰にだってできます。**大切なことは「相手がどのくらいの成果を求めているのかを細かく把握する」「相手の期待値を見極め、それを上回る120％のものを納める」ということです。**しっかりとコミュニケーションをとり、相手がどの程度求めているのかを知りましょう。

確認するポイントは「**優先順位**」「**具体的な成果イメージ**」「**目的**」の3つです。上司からの指示というのは大抵「曖昧」なものだと考えた方がいいです。そのため、お互い認識の違いが生まれ、上司の求めていたイメージと異なった成果物を納品し、後で叱られたり、自分自身の評価を下げてしまうことにもつながってしまうのです。

たとえば、「この資料いい感じに仕上げといて」とお願いされ、「わかりました。いい感じに仕上げておきます」と受けてしまうのはNGです。お互い「いい感じ」の認識が違えば二度手間になり、面倒なことになります。**大切なことは「いい感じというのは私なりに〜だと考えていますが、パワーポイント5枚くらいでまとめればいいでしょうか？」と事前に自分なりの考えを提唱しつつ、相手の求めているレベル感を聞き出すことです。**

どうしても難しい場合は安請け合いせず、「このくらいではいけませんか？」と期待値を下げてもらったり、「私のベストを尽くしても、その期待には応えられそうにないです」など、**そもそも受けないという選択もアリ**です。臨機応変に対応していきましょう。

このようにコミュニケーションをしっかりとることで、ズレがなくなり仕事はより成功に近づきます。

相手の期待するイメージがわかれば、それ以上の成果物を納品すれば評価も上がりやすくなります。この意識を大切に仕事を進めていくようにしましょう。

POINT

相手が求めていることを把握し、「期待以上のクオリティ」を意識することが大切

25

やるべきことだけやる

人生は着実にやるべきことをやるのが目標や夢、成功に近づく最大のコツです。仕事や勉強、人間関係や自己啓発、趣味など、人生におけるやるべきことや、やりたいことは尽きませんが、その中で「本当に重要なことは何か」をしっかりと考える必要があります。

その夢や目標に近づくためには、自分の能力やスキルを高めたり、周りからの信頼を集めたり、社会に貢献したり、さまざまな方法があります。ただし、ついやらなくていいことにまで手を出してしまい、ムダに遠回りしてしまうケースも少なくありません。

たとえば、学生時代に「期末テストの勉強をしなければならない」というときに、なぜか部屋の掃除を始めたことはありませんか？　人は誘惑に負けやすく、現実逃避しがちな生き物。自分の中にある芯や軸が弱いと、なぜかやらなくていいことも、ついやってしまったり、進む方向がブレてしまうのです。

私たちは日々さまざまな誘惑や障害に直面しています。インターネットやSNSなどの情報過多に惑わされたり、不安や心配事などのネガティブな感情に支配されてしまいがちです。

その結果、あれやこれやとやらなくてもいいはずのことに手を出してしまい、何もかもが中途半端になり余計自分を苦しめてしまう羽目に。**自分が本当は今何をすべきか、じっくりと向き合って考えてみることが大切です。**

「本当にやりたいことをやるためには、やりたくないこともやる必要がある」という言葉がありますが、「やりたくないことはやらない」と決めて、好きなことで生きている人だってたくさんいます。「やりたくないことをやって本当に夢を叶えられるか？」と聞かれたらそれはNOだと思います。結局、本当にやりたかったことができなかったり、やりたくないことばかりやるような人生になってしまっては本末転倒ですからね。

途中で困難にぶつかったり、誘惑に負けそうになることがあっても、自分の夢や目標を忘れずに、前向きに取り組んでいきましょう。軌道修正しながら、正しい努力の方向性で、最短距離で走り抜けましょう。

自分の人生における本当にやるべきことを把握し、コツコツ進めば必ず光が見えてくるはずです。

POINT

やるべきことをやり続けることが成功に近づく鍵

26 「数字」で語る

入社したばかりの新人でも、経験豊富なクライアントや上司と対等にやりとりできる方法が一つあります。それは**「数字で語ること」**です。自分の経験談や憶測では説得力に乏しいものがありますが、事実に基づいた数字は誰も否定のしようがありません。したがって、**数字でものを言うのが一番効果的なのです。**

よく上司から言われた言葉があります。それは「君の経験則や感情で説明するのではなく、エビデンス（証拠）をもとに説明しなさい」ということです。「それは何をもとに話しているの？」「根拠は？」と聞かれた際に「たぶん〜だと思うので」や「○○さんがそう言っていたので」と返答しても、「話にならない」と突き返されました。**そのような場面でも自信を持って説得できるのは「数字」という事実なのです。**

自分が携わる仕事の中で無駄や非効率な部分を発見し、それを改善したい場合は、「数字」を突きつけて提言しましょう。ただの意見の場合は真に受けてもらえないことがほとんどですが、**事実に基づいた数字であれば話は別**です。**その数字にしっかりと根拠があれば無視さ**

れることはありません。新人がいきなり社内会議で「〜という日々の業務は非常に効率が悪いと思います。すぐにでも改善すべきです」と言ったところで、相手にしてもらえません。「なぜ新人がそんな偉そうなことを言うのか」とまで思われてしまいます。

新人こそ「事実」を徹底的に集める必要があるのです。

たとえば、独自アンケートの調査結果、自分が担当するプロジェクトの数字データ、売上や利益、顧客満足度などのような、どこにも載っていない「自分にしか集めることのできないようなデータ」が効果的です。この独自に集めた数字をうまく上司やクライアントに提示することができれば、強力な説得力のある提案となり、否定や無視をされることはなく、判断材料の一つとして取り扱ってもらえるはずです。

まずは、数字という「事実」を集め、その数字を武器にコツコツと闘っていきましょう。

これが新人という立場でも、堂々と胸を張って提案するためのコツです。少しずつ自分の価値や存在感を高め、より責任感のある仕事を任せてもらえたりと、仕事のチャンスも舞い込みやすくなることでしょう。

POINT
数字という「事実」が、人を動かす大きな武器になる

27

うまくサボる

すべての仕事を100％でこなす必要はありません。無理して全力投球し続けるといずれ必ず心身の健康を損ないます。日本人は働きアリのように、つい「真面目」に働きすぎてしまいますが、何もかも真面目にやる必要はありません。**日々の仕事の中に、うまく「サボること」を取り入れることで、むしろ生産性が上がり、周りとの人間関係もうまくいきやすくなります。**

サボると言っても、「今日は気分が乗らないから休もう」と突発的に休むなど、他人に迷惑をかけるようなサボり方をするわけではなく、**業務の中で区切りをつけ、小さな息抜きタイムを取り入れる**ということです。

たまに朝から夜までぶっ通しで仕事をし続け、「この人はいつ休憩しているんだろう？」と思うような人がいますが、こういう人は休憩時間を削ったり、プライベートの時間を削ったり、心とカラダの健康を削ったりと、本当に大切なものを削ってしまっているため、「仕事中心の人生」となり、本末転倒な働き方になります。いつか必ず後悔することになるので、そのような働き方は避けましょう。

うまくサボるためには、**サボる時間をあらかじめ決めておく**ことが大切です。サボりすぎると仕事の効率や成果に影響が出るため、15分だけなどと決めておくことで、その時間だけリラックスし、その後は集中してメリハリをつけて仕事に取り組むことができます。

サボる時間には、本を読んだり、音楽を聴いたり、ゲームをしたり、散歩をしたりなど、好きなことをして心身の疲労を癒しましょう。うまくサボることで**ストレスを解消し、仕事の質やスピードを向上させる**ことができます。ただサボるだけで責任を放棄したりするのはNGですが、適度に休み、自分の心身のバランスを保つことは大切です。**頑張っているという姿勢をアピールすることは大事ですが、無理しすぎて体調を崩してしまったり、仕事を楽しく感じなくなってしまっては本末転倒です。**

ダラダラと仕事し続けるよりも、適度にサボって、また集中して……の繰り返しの方が仕事も捗るものです。**手を抜くのではなく「肩の力」を抜いて、無理をせず、うまくサボりながら60%～70%程度の力で仕事に取り組んでいきましょう。**

POINT
適度にサボることで仕事の生産性は向上する

28 アウトプットが9割

アウトプットとは、脳内に入ってきた情報を脳内で処理し、言葉や行動として「出力」することです。それに対して脳内へ情報を入力することを「インプット」と言います。

たとえば、「読む」「聞く」がインプット、「話す」「書く」がアウトプットです。多くの人はインプットだけで満足してしまいますが、それでは人生は何も変わりません。「わかったつもり」になっているだけで、**ただの自己満足でしかない**のです。アウトプットして初めて現実世界に対して変化や影響を与えることができます。

インプットは「脳内世界」を変え、アウトプットは「現実世界」を変えます。つまり、**どれだけインプットを重ねたとしても、それを行動につなげないことには意味がないのです。**

たとえば、月に何十冊もの本を読んでいたとしても、アウトプットしなければ知識としては定着しません。それよりも、月に1冊本を読んでアウトプットする人の方が確実に成長していきます。それぐらいアウトプットは重要な役割を果たすのです。**インプットとアウトプットは必ずセットだと考えましょう。**

プログラミング学習も同じように、ひたすら参考書や解説サイトを眺めているよりも、学びながら同時並行で手を動かしてコードを書いていく方が確実に身につきます。

記憶の定着率は、講義で5%、読書で10%、視聴覚20%、デモンストレーションで30%、グループ討論で50%、自ら体験すると75%、人に教えると90%と言われています。実際に行動しないことには記憶が定着せず、人はすぐに忘れてしまうのです。

案外アウトプットというのは日々意識していないとできないもの。**「アウトプットが9割」くらいの気持ちで意識して行動に移していきましょう。**記憶を定着させ、成長スピードを高め、人生を変えるコツはまさにこれだと考えています。

自己成長が進むと、職場での評価が上がり、より責任感のある仕事を任されるようになり、出世しやすくなります。また、人間関係がより円滑になり、仕事がさらに効率よく進められるようになります。

このように、人生が好循環になり、毎日をさらに充実した日々にしていくことができるのです。

POINT

アウトプットを重視することで、現実世界が変わり、人生が変わる

29 即レス・即対応

本当に仕事がデキる人の共通点は**「とにかくレスポンスが速い」**ということ。先延ばしにしたりなどしないのです。

今確認すればすぐに終わるようなことも、後回しにしてしまうと、「あれ、これってどういうことだったっけ？」のような無駄なやりとりが発生したりして二度手間に。5分で終わったはずのことが、30分、1時間と時間を要してしまうことも。生産効率がかなり悪くなってしまうので、すぐに片付けられるものは先にスパッと終わらせてしまいましょう。

自分宛もしくは自分の業務に関連するメールは、後で返信するためにフラグを付けたりするのではなく、すぐに返信しましょう。後から返信しなければならないメールが溜まっていくと、かなりの作業量になってしまいます。ましてや、どれが重要なメールなのかすらわからなくなってしまい、余計に時間を浪費してしまうことにつながります。返事を待たされている側からすると、**「早く返してほしい」が本音**です。待たされている間は余計なストレスが溜まりますし、イライラなどのネガティブ感情を抱かれることもあります。

「この人絶対仕事できないな」「いつもレスポンス遅いな」とレッテルが貼られ、評価や信頼を失うことにもつながるため、お互い円滑に業務を進めていくためにも、即レス・即対応を心がけましょう。

ただし、仕事には「優先順位」があるため、すべての業務に対して即対応する必要はありません。無理に即対応しようとすると、他の業務に支障が発生したり、余計なストレスが溜まったりする可能性があるため、**いつ頃返信できるかなどの旨を相手に伝えておく**ことが大切です。

たとえば、**「今日は忙しいので返信が遅れるかもしれません」「今電話に出られないので、後で折り返します」**など、すぐに対応できない理由をひと言伝えておくだけでも印象は全然違うものです。**お互いズレが生まれないよう、コミュニケーションを大切にしましょう。**

即レス・即対応することで、スケジュールやタスク管理がしやすくなり、自分の時間を有効的に活用することができ、相手との信頼関係も良好になります。基本的には即レス・即対応を心がけ、相手や状況に合わせて柔軟に対応していきましょう。

POINT

対応の素早さが「信頼」を生み、スムーズな仕事につながる

30

チャットを活用する

人とのコミュニケーションにおいて、対面で人と向かい合って話すことは非常に大切ですが、業務連絡や報連相など、ちょっとした連絡については、「チャットツール」を活用しましょう。

わざわざメールしたり、電話したり、直接会話しに行ったりするのは非常に効率が悪いと言えます。「席が隣」「内容が複雑」「緊急対応」などのような場合は例外ですが、基本的にはチャットを使ってやり取りする方が効率的です。

チャットはリアルタイムでコミュニケーションをとることができるツールです。優先度の高い場合は、メールではなくチャットで連絡をとること。もしくは、メールを送った後にチャットで連絡すると、相手も気づきやすくレスポンスしやすいのでオススメです。

仕事のメールって案外読まない人は読まないので、重要なメールであったとしても、すぐに埋もれたりするんですよね。うまくメールを消化していたり、しっかりフォルダ分けされていたりすればいいのですが、すべての人がそうだとは限りません。

私が以前、某大手通信会社で総括庶務の業務をしていた頃、何百人といる部門の提出物をまとめて、その上の部署に提出するという基本業務がありました。何度も何度もリマインドのメールを送り、「絶対に見ているだろう」と思っていても、直接確認してみると「すみません、メール確認できてなくて……」「あれ？　そんなメールありました？」みたいな人がザラにいます。**「メールを送ったから大丈夫だ」という思い込みはキケンです。**重要な場合はチャットも合わせて送りましょう。それでも反応が無い場合には、電話をしたり、直接対面で会話することが必要です。

また、チャットは電話や対面と違って、記録や証拠にもなります。後から確認したいときや、誤解が生じたときにも役立ちます。「あの時こう言った」というコミュニケーションのトラブルは必ず発生するので、それを防ぐためにも、基本的にはチャットで記録を残す方法をとるのがベターです。チャットでは、相手の表情や声のトーンを読み取ることができない分、言葉遣いや絵文字、顔文字などを添えて丁寧に伝えることが大切です。**相手の感情やニュアンスを尊重し、誤解を避けるように心がけましょう。**

POINT

基本的にはチャットで連絡をとり、効率的に仕事を進めよう

31 早めに出社して定時退社

多くのビジネスパーソンは、始業開始に間に合うように出社し、やり残した業務などを残業して終わらせたり、少しでも前に進めるという働き方をとります。しかし、残業ばかりしてプライベートの時間を犠牲にしてしまうのは本末転倒です。

そこで朝早く出社することで、出社している人が少ないため、誰にも邪魔されずに集中して仕事に取り組むことができます。

また、**朝起きてからの3時間は脳が最も効率的に働く「ゴールデンタイム」**だとされており、朝のうちにやるべきことをサクッと終わらせておくことで、だらだらと残業することなく、定時でスパッと切り上げて退社することが可能です。

「定時退社」を習慣にすることで、仕事の優先順位をつけることができたり、作業時間を管理するスキルも身につき、更なる生産性アップにつながります。

日本人には「定時は悪で、残業は正義」という謎の風習がありますが、そんなことは一切気にしなくていいです。アメリカでは、朝6時に出社し、午後3時や4時に退社する人がいるそうです。これは家族との時間を最優先に考えているため、ワークライフバランスを保つ働き方であると言えます。**プライベートの生活を大切にすることで、さらに仕事の質を高めることができるのです。**

日本人の「真面目で勤勉」な考え方が生んだ環境が今の日本という国です。日本は「失われた30年」と言われています。日本の平均年収は1990年から今までほぼ横ばい。それにもかかわらず、物価や税金は上がり続ける一方。本当に一人ひとりが危機感を持つべきです。生産性を高めるためにも、成長し続けている国のいい文化や風習をもっと取り入れていきたいものですね。

このように、**朝早めに出社し定時に退社することで、仕事とプライベートのメリハリがつき、仕事に対するモチベーションが高まります。**また、睡眠時間や休息時間、家族時間を確保することができ、疲労や過労、ストレスを防ぐことができます。

朝の時間を有効活用し、うまく業務を効率化して、仕事とプライベートのバランスをとっていきましょう。

POINT

朝に集中して仕事を片付けることで
プライベートの時間を大切にすることができる

32 シングルタスクで仕事をこなす

シングルタスクとは、一つの作業に集中して行うことを指します。「メールや電話などに邪魔されずに書類を作成」「デザインやプログラミングなどの創造的な作業」「論文やレポートの執筆」などがあります。**一つの作業に集中するため、生産性を向上させることができます。**

その一方で、マルチタスクとは、複数の仕事を同時並行で進める作業方法のことです。たとえば、「電話応対しながらメールの返信を書く」「会議に参加しながら議事録をつける」「新たなコンテンツをつくりながらSNSを運用する」などがあります。マルチタスクは、複数の仕事を同時進行でき、一見仕事ができる人のスキルだと思われがちですが、実は**マルチタスクには多くの弊害がある**ことが研究によって明らかになっています。

たとえば、マルチタスクをすると、次のような問題が発生します。

- IQが低下し、徹夜明けの数値とほぼ同じになる
- 作業が中途半端になり、生産性が最大40%も下がる

- 作業記憶力が低下する
- 脳に負担やストレスを与える
- キャパオーバーになり、焦りや不安を感じる

人間の脳は一度に一つの作業にしか集中できないため、**「マルチタスクができない」**と言われています。脳はすべての活動を同時に処理しているわけではなく、一つのタスクから別のタスクに素早く切り替えて処理しています。この切り替えには時間やエネルギーがかかるため、集中力や創造力がどんどん失われていくというわけです。

マルチタスクの誘惑に抵抗し、シングルタスクで生産性を上げるためには、**「集中力を妨げるものを遮断する」「締め切りを極端に短くする」「優先順位付きのTO DOリストを作成する」**などを実践することで、一点集中して生産性を落とさずに作業することができます。

マルチタスクは魅力的に見えますが、実際は脳や仕事に悪影響を与えてしまうため、シングルタスクで一つ一つ丁寧に仕事をこなすことが、生産性を高めるためには重要なのです。

POINT
「一点集中作業」で効率よく仕事を進めよう

33

スケジュールに余白をつくる

「余白」とは生活や仕事などのスケジュールにおいて、無理なく「余裕」を持つことです。**日本人はなぜかスケジュールを埋めたがります。**たとえば、「10万円を稼ぐ」というタスクがあった場合、1日で10万円を稼ごうとするのではなく、10日間予定をぎっしり埋めて、1日で1万円ずつ稼ごうとするのです。

1日で完結させてしまえば、残りの9日は予定が空き、大切なことに時間を費やすことができるのに、実際はその発想には至らず、仕事を詰め込んでスケジュールを埋めようとします。きっとあなたにも「明日何の予定もないからバイト入れようかな」と考えたことが一度はあるはずです。

これらの行動の心理としては、予定がないと不安になったり、寂しさを感じたりするため、予定を詰め込むことで、安心感や充実感を得たり、現実逃避したりと、「自分の時間を有効に使っている」と錯覚しているのだと思います。**ぎっしり予定が書かれたスケジュール帳を見て満足感を味わうような人は要注意です。**

日本人は忙しさや疲労感を「美徳」とする風潮により、予定がないと怠け者だと思われたり、周りに対して申し訳なく感じたりすることがあるため、予定を詰め込んで多くの仕事をこなそうとする傾向にあるのだと思います。しかし、生産性や効率を考えずに、ただ時間をかけて労力を注ぎ込むという行動は、結局誰のためにもならないのです。

余白があることで、急用やトラブルにも対応する余裕ができたり、プライベートの時間を大切にできたり、心に余裕が生まれて感情のコントロールがしやすくなります。余白がないと精神的に追い詰められ、本当に生きづらくなっていきます。

余白をつくるためには、何をやらないかを決めたり、完璧主義を捨てたり、後で説明するパワーナップを取り入れたり、残業せずにプライベートの時間を大切にするなど、精神的な余裕を持たせることが大切です。

このように、**スケジュールに余白をつくることは、心身の健康や仕事の効率にも良い影響を与えます。**予定を詰め込むのではなく、ほどよく「隙間」をつくり、メリハリのある生活を送ることを心がけていきましょう。

POINT
スケジュールの余白は「人生の余裕」となる

34 こまめにメモをとる

人は思っている以上にすぐに忘れる生き物です。エビングハウスの忘却曲線によると、20分後には42％を忘れ、1時間後には56％を忘れ、**1日後には「74％を忘れる」**という結果が出ています。時間の経過とともに記憶というのは急速に薄れていくもの。案外、つい数分前に言われたことであっても「あれ、何だったたっけ？」と忘れてしまうことも。

言われたことをメモしていないと、もう一度同じことを聞きに行くという二度手間になりかねません。「さっき言ったよね？」とお叱りを受けたり、自分の信頼を落とす可能性もあるため、十分に気をつけましょう。

メモ習慣は物忘れを防ぐ以外にも、コミュニケーションのトラブルを防ぐためにも効果的な手段です。上司や先輩から「あの時～って言ったよね？」という場面は日常茶飯事に起こりうるもの。しかし、そういった場面でメモをとっていれば、記憶を正確に保存できるため「いえ、あの時～とおっしゃっていましたよ」と言い返すことができ、コミュニケーショントラブルの発生を潰すことができます。

また、仕事に対する姿勢を見せることもできます。しっかりとメモをとって聞いてくれている人の方が「この子やる気あるな」「仕事に対する姿勢がしっかりしているな」と感じるものです。それに、**メモをとっていない人は大抵同じことを聞いてきたり、同じ失敗を何度も繰り返すものです。**結果的に、自分の評価を落とす原因にもなるため要注意です。

さらに、メモを「新たなアイデアを生み出すツール」として使う方法もあります。

自分が興味や関心を持ったこと、感じたことを書き留めることで、その情報に対する理解や洞察を深めることができ、自分の知識や経験と結びつけることで、新たなアイデアやクリエイティブな発想を引き出すことができます。**自分が何を考えているか、何を感じているかなど、日々頭の中に浮かんだことをこまめにメモする癖をつけておきましょう。**そのメモ習慣が新たな人生を切り開くきっかけとなるかもしれません。

以上のように、こまめにメモする力を身につけることで、人生や仕事においてより良い結果を得ることができます。

メモの力を武器に仕事をスムーズに進めていきましょう。

POINT

こまめなメモ習慣が、仕事や人間関係をうまくやるコツ

35 素直に「知りません」と伝える

先輩や上司から「これ知ってる?」と聞かれたときに、無知を認めたくないから、恥ずかしいからと「はい、知ってます」「わかります」と答えることは、後に自分を苦しめることになってしまうため避けてください。話の途中で知ったかぶりをするのもNGです。

たとえば、「〜っていう有名な営業テクニックあるでしょ? ちゃんと活用してる?」と聞かれたときに、「はい、もちろんです」といかにも知っているかのように回答するのは控えるべきです。

「じゃあ、どんな感じで使っている?」と更に質問されたときに絶対に答えられませんよね。もしその嘘がバレたら「何で使ってるって嘘ついたの?」と怒られたり、信頼を落としてしまう原因にもなりますし、貴重な学びや成長の機会を逃すことになってしまいます。**その場しのぎさえできればOKという考え方は捨てましょう。**

「素直さ」を履き違えてしまい、何もかもまったく考えようともせずに「わかりません」「知りません」と回答するのはNGですが、本当にわからないことは曖昧に回答しようとしたり、知ったかぶりしてその場凌ぎをするのではなく、**素直に「知らないので教えてほしいです」「存じ上げませんでした。勉強になります」と相手に伝えましょう。**素直な人は、頑固な人や変なプライドをお持ちの人よりも、相手との距離を縮めやすく、人から好意を持ってもらいやすいという特徴があります。

このように、知らないことを素直に知ろうとする謙虚な姿勢は、自分の知識や能力を広げるだけでなく、**人からの信頼や尊敬を得る**ことにつながります。

その一方で知ったかぶりをしてしまうと、間違った情報や判断を伝えてしまう可能性があり、それは、周りの人に損害を与えたり、自分の信用を失ったりする原因になりかねません。

だからこそ、「知りません」と素直に伝えることは、大切なコミュニケーションスキルの一つなのです。

成長スピードが速い人の特徴は「素直さ」と「謙虚さ」です。

わからないことは「わからない」と素直に認めて、自分の成長の機会に変えていきましょう。

POINT

知ったかぶりをせず、素直に教えてもらうことでより一層成長することができる

36

仕事は期限内に必ず終わらせる

「すみません、あと1日待ってください」と期限を守れないような場面が続いてしまうと、仕事ができないと思われたり、責任感がないと感じられたりする可能性があります。**少しずつ自分への評価や信頼を落とすことにつながってしまう**ため要注意です。**任された仕事など、やるべきタスクは必ず「期限内」に終わらせるようにしましょう。**

期限を守ることで、上司やクライアント、同僚など職場での信頼関係を良好に保つことができる上に、作業の効率が上がり、無駄な時間やエネルギーを使わなくて済みます。

仕事は期限内に終わらせることが重要です。期限を守るためには、**計画的に作業を進めることや、必要な情報などを事前に準備しておくことが効果的です。**仕事の期限は自分だけでなく、周りの人にも影響するもの。「ちょっとくらい大丈夫か」と自分を甘やかさず、期日は確実に守っていきましょう。

仕事が遅い人は、時間にルーズだったり、メールの返信も遅いという人が多いです。また、計画ばかり念入りに立ててなかなか行動に移せないという人もいます。これは計画に時間をかけすぎるあまり、作業時間がなくなってしまったり、イレギュラーな事態への対応の仕方がわからなくなったりします。**まずはとにかく手を動かす**ことを意識しましょう。

そして、一番厄介なのが「すべて完璧に仕上げないと気が済まない」という完璧主義の人です。仕事の質やクオリティを求めすぎてしまうため、つい期限に間に合わなかったり、他の業務に作業する時間がとれないなど、生産性が落ちてしまいます。

しかし、**仕事はとにかく完成させることが最も重要です。完璧主義ではなく「完了主義」を意識し、まずは一通り完成させてから細かなブラッシュアップに取り掛かるよう、「スピード感」を大切にしてください。**

以上のように、仕事が期限内に終わらない人にはさまざまなケースがあります。仕事の期限は自分だけでなく、周りにも影響するものです。あまりにも間に合いそうになければ、周りの人に頼んでうまく協力を得たり、報連相するなどして期限遅れのないよう計画的に行動しましょう。期限を守ることで、自分も周りも仕事が円滑に進み、自分に対する評価や信頼も上がっていきます。

POINT
期限を着実に守ることで、信頼構築につながる

37 ショートカットキーを駆使し、マウスを使わない

パソコンを操作するときに「ショートカットキー」は活用していますか？　ショートカットキーとは、キーボードで特定の組み合わせを押すことで、マウスを使わずに操作することができるものです。簡単なものでいえば、Ctrl＋Cでコピー、Ctrl＋Vで貼り付け、Ctrl＋Zで元に戻す、Alt＋tabで画面切り替えなど。Ｍａｃでは、Ctrlの代わりにCommandキーを使います。これらの操作を**キーボードだけで完結させるのと、マウスを使って操作するのとでは、生産性に大きな差が生まれます。**

作業をしていると、意外とマウスに時間がとられるものです。１日に何度も繰り返す操作だからこそ、一瞬一瞬の積み重ねが１週間、１ヶ月、１年単位で考えた時に「大きなロス」となるのです。生産性を高めていくには、いかにして効率化できるかを考えるべきです。そして、**生産性を高めるために最も手っ取り早い方法が「ショートカットキーを使うこと」なのです。**圧倒的に作業スピードが上がりますし、目線を移動させる必要がないため、集中力も保つことができます。一度使い慣れてしまうと、二度とマウスを使った操作には戻れなく

なります。そのくらい便利かつ作業効率がいいのです。

ショートカットキーを使うことで生産性が上がるというのは、科学的にも証明されています。アメリカのニールセン・ノーマン・グループの研究によると、ショートカットキーを使うユーザーと使わないユーザーの作業時間を比較した実験を行ったところ、ショートカットキーを使うユーザーは使わないユーザーよりも平均で2・1倍速く作業できることが明らかになりました。つまり、これは**平均的な人の作業日数を「年間8日分も節約できる」ということなのです。**

ショートカットキーを覚えるのは難しいと感じる人も多いかもしれませんが、よく使う操作に対応するショートカットキーから覚えたり、ショートカットキーの一覧表を参照しながら作業したり、ショートカットキーの練習用のアプリやゲームをやってみることで、自然と定着していきます。ショートカットキーを使うことで生産性が上がるということは間違いありません。ぜひ、この機会にショートカットキーに挑戦してみてください。ほんの少しの操作の差が、生産性を格段に高めてくれるはずです。

POINT

ショートカットキーを使うことで、年間8日分ものムダを削減する

38 作業中はキーボードを見ない

キーボードを見ずに、指先の感覚を頼りに正確なタイピングを行い、効率よく作業するテクニックを「ブラインドタッチ」といいます。慣れるまでに時間がかかりますが、**一度習得してしまえば作業効率は2〜3倍程度アップします。**

作業中に毎度キーボードを見て入力したいアルファベットキーを探して押して、次に画面を見て正しく入力できているかを確認して、またキーボードを見て入力したいアルファベットキーを探して押して……とするのは非常に効率が悪いです。それよりも、画面だけを見て手を動かし、入力されている文字が正しいかを見ながらキー入力操作した方が明らかに無駄な動きが減り、タイピングが速くなるため作業効率がいいですよね。

このテクニックを身につけることで、キーボードを見る必要がないため、姿勢が良くなり、肩こりや首痛などを防ぎ、集中力を高めてくれます。それに文章を考える思考力を高めてくれる効果もあるのです。

ブラインドタッチを習得するためには、**キーボードに慣れ、文字の位置を正確に記憶する。**

指で覚えるようにすると効果的です。まずは、慌てず丁寧に入力することを意識しましょう。いきなりタイピングを速くしようとしたり、雑にするとミスが多くなります。ミスなく丁寧に打つことで、自然と速く打てるようになるため、焦らず丁寧にタイピングしましょう。

また、**タイピングゲームなどを実施するのも上達するために非常に効果的**です。制限時間が設けられ、時間内にどんどん指定されたワードを入力し、どれだけワードを正確かつ素早く打ち込むことができたかを計測することができます。

私は学生の頃、パソコンでオンラインゲームを毎日のようにプレイしており、画面を見ながら文字を打たなければならない場面が多かったため、ひたすらタイピングゲームで練習していました。いち早くタイピングをマスターするのであれば、このように「**速く打たざるを得ない状況**」**を設定してあげると、上達スピードはアップする**はずです。

ブラインドタッチができるようになれば、入力に年間100時間を要する場合、約50〜70時間ほど削減することができるでしょう。前述した「ショートカットキー」と組み合わせれば、何倍にも生産性が上がること間違いなしです。

POINT **ブラインドタッチをマスターすることで、生産性が劇的にアップする**

39 「○分ください」が報連相のコツ

今すぐ確認が必要なタイミングで、報連相をしようとした時に、上司や先輩が忙しそうに仕事をしていたら、あなたはどのように声をかけますか？

多くの人は「すみません、今よろしいでしょうか？」と声をかけるでしょう。その際に返ってくる言葉は「ごめん、ちょっと後にして」や「今忙しいからダメ」です。「どんな用件？」と聞いてもらえればいいのですが、**忙しいタイミングでは、どうしても後回しにされてしまいます。**たった1～2分で終わるはずの確認が何時間も、下手すると翌日以降になりかねないことも……。

これを避けるための方法が一つあります。**それは、「○分ください」と単刀直入に伝えることです。**大体1～3分程度で伝えることが目安です。このように伝えることで、相手がどのくらい時間を要するのかが把握できるため、受け入れる姿勢に変わりやすく、**自分の用件を聞いてもらえる確率が格段に高まる**のです。

そして、**一番やってはいけないのは、「あの人は忙しそうだからまた今度にしよう」「聞か**

れたときに報告しよう」と後回しにしてしまうパターンや、「忙しそうだから自分で判断して進めてしまおう」というパターンです。

相手の状況を察知して話しかけるタイミングを見計らうことは大切ですが、そこに重点を置きすぎて報連相が疎かになってしまっては本末転倒です。結果的に「〜の案件についての報告どうなってる？」と問い質されたり「なぜ相談も無しに勝手に進めたんだ！」と叱責を受けたりすることになりかねません。

むしろ、上司や先輩にお伺いする時には、「自分のたった1〜2分の話を聞く以上に大切な仕事など他にはない」というくらいの気持ちでいきましょう。

とはいえ、「後にしてほしい」と言われているのに、しつこく話を持ちかけようとしたり、自席で会議中なのに割り込もうとするのは避け、ＴＰＯをわきまえた行動を心がけるようにしましょう。

また、**「どうでもいいことには時間をとらせない」**と心得ておきましょう。何でもかんでも上司や先輩の貴重な時間をとらせてしまうと、「いつもどうでもいいことばかり報連相してくるな」と思われてしまい、時間をとってもらえないようになったり、あなた自身の価値を落とすことにもつながるため気をつけましょう。

信頼を積み上げるためにも、日々の小さなコミュニケーションの一つ一つを大切にしてくださいね。

POINT

「○分ください」で上司の聞く姿勢を確保し、円滑に仕事を進めよう

第3章

驚異の新人の「対人術」

40 挨拶は明るくとびっきりの笑顔で

一日の始まりに、暗い顔して、小さな声で、誰の顔も見ずに「おはようございます」とロボットのような挨拶をするのか、それとも、**明るく笑顔で、大きな声で、一人ひとりの顔を見て「おはようございます！」とハキハキ挨拶するのとでは、その日一日を過ごす気分も、相手に与える印象も、職場の雰囲気も天と地の差になります。**もちろん、後者の挨拶の方がいいに決まっていますよね。**「明るい挨拶×笑顔」にはものすごく強力なパワーがある**のです。

笑顔は相手に安心感を与える効果があり、相手と話しやすくなるため、ちょっとした会話が生まれやすくなり、仕事の効率が上がったり、仕事を協力し合える関係性を構築することができます。**1人や2人、協力し合える存在がいるだけでも、比べものにならないくらい仕事がやりやすくなります。**笑顔はコミュニケーションをスムーズにし、人間関係を良好にしてくれます。人から笑顔を向けられると、「受け入れられている」と感じてつい心を開きたくなるものです。

また、笑顔は「周りに伝染する」と言われています。笑顔で挨拶することで、お互いにいい気分になり、自分も相手も幸せになれます。**たとえ、「少しこの人嫌だな」と思ったとしても顔に出さず、あえて明るく笑顔で振る舞うことで、いい意味で「自分の味方」につけることができます。厄介な人でも味方にしてしまえばこっちのものです。**

仕事上関わる人に対しては、毎日の挨拶やちょっとしたコミュニケーションを大切に、小さな信頼関係をコツコツ築いておきましょう。

人間関係は「鏡の法則」だと言われています。鏡が先に笑うことはなく、自分が笑顔になるから、鏡の中の自分も笑顔に映るのです。同じように、**自分が先に笑うから相手も笑顔になってくれるのです。**何事も「まずは自分から与える」という姿勢を大切にしていきましょう。

また、笑顔には自律神経のバランスを整え、エンドルフィンなどの快感物質を分泌させる効果があるため、ストレスが多い状況では、笑顔で挨拶することで気分をリラックスさせ、ストレスを和らげてくれる効果があります。ストレスの強い状況下に置かれている時にこそ、意識的に笑顔をつくってみることも大切ですよ。

もし、職場が静かな重い空気になっていたとしても、部屋に明るい人が1人入ってくるだけで雰囲気が良くなったりすることってありますよね。「お疲れさま！」「調子どう？」「お、頑張ってるね！」。**こういう何気ない一言がその場を明るくし、雰囲気を和ませてくれるのです。**

その人たちの会話が始まることで、声を発しやすくなり他の席でも会話が広がったりと、些細なきっかけでコミュニケーションというのは広がっていきます。

このように、「笑顔で明るく挨拶する」ということは本当に重要なコミュニケーションです。しかし、誰しもがこの事を頭の中ではわかっているんです。でもやらない。これが現実です。だからこそ、**やるだけで圧倒的に「差別化」できる**のです。子どもは平均で1日300回笑うと言われていますが、私たち大人はたったの15回。**歳をとるのは成長するからではなく、笑わなくなるから**なのです。

私は美輪明宏氏の『**ニコニコすることは自分をパワースポット化する行為です**』という言葉を大切にしています。いつも笑顔でいるだけでポジティブな気持ちになり、コミュニケーションがスムーズになり、周りにも笑顔が連鎖し、自分の周りに素敵な空気感が広がります。いつも笑顔でいるだけで人生は得することが多いものです。

自然と気分が明るくなり、自分の中にポジティブなエネルギーを溜めていくことができます。

そういう人を見ているだけで、相手も気分が良くなりますし、「素敵な人だな」と感じてもらいやすいため、率先してコミュニケーションをとりたくなりますよね。これがまさに**自分をパワースポット化する行為**だと感じています。

「やりたい人10000人、始める人100人、続ける人1人」、つまり、**実際に始めるだけでも1%の仲間入りをすることができ、それを毎日のように続けることができると、0.01%の中に入ることができます。**何事もそうですが、本当に続けられる人ってごく少数なんですよね。こういう些細なところからも、どんどん差は広がるものです。できることからコツコツと始めていきましょう。**習慣が人生を制します。**

このように、笑顔にはたくさんの「いい効果」があります。常に口角を上げ、プラスのパワーを自分自身、そして周りにも与えられる存在でいられるよう、何気ない日常の中にある幸せにフォーカスし、感謝しながら生きていきましょう。

POINT
笑顔での挨拶を武器に円滑なコミュニケーションを築いていこう

41 いつも120%の笑顔でいる

人は自然と「笑顔」の人に引き寄せられます。マイナスの力よりも、プラスの力の方がより強い力を持っているからです。そもそも、いつも暗かったり、不機嫌だったり、ネガティブな言葉ばかり口にしている人からは、人も運も離れていくばかりです。結果的に、いい出会いの機会を失ったり、ビジネスチャンスに恵まれなかったり、**本来なら掴んでいたはずのチャンスを逃し続けることになる**のです。

良好な人間関係や、運を味方につけるためにも「笑顔」は最強の武器となります。笑顔が素敵な人は、不思議と若々しく見えますよね。これは、表情筋を動かすことで、筋肉の弾力や血流が向上し、たるみやシワの予防になることから、「若々しく見える」と言われています。

笑顔は人間関係を円滑にするだけでなく、**健康効果も非常に高い**とされています。笑うことで免疫細胞の活性化や抗体の生成を促進する効果があるため、感染症にもかかりにくくなるとされています。さらに、**1日10分間笑うだけで、早めのウォーキングに換算して約1時間分のカロリーを消費する**と言われています。笑顔はダイエット効果も期待できるのです。

つらいときに笑うと「つらさを忘れることができた」、痛いときに笑うと「あまり痛みを感じなかった」という経験はないでしょうか？　笑うことによって分泌されたエンドルフィンという快感物質によって生じた効果です。これは幸福感をもたらすだけでなく、鎮静作用もあります。痛みや不安などの感覚を抑制し、心身を落ち着かせるなど、リラックスした気分にさせてくれる効果があるため、意識的に「笑う」ことで、痛みや不安が緩和されたり、下がっていた気分がリセットされたりと、さまざまないい効果を与えてくれます。

「笑う門には福来る」という古くから伝わることわざがあるように、「幸運」というのはいつも笑顔でいる人に訪れるものです。私の祖母や祖父は80歳近くになりますが、大きな病気を患うこともなく、今も健康的に夫婦仲良く暮らしています。その秘訣はやはり「笑顔」なんだと思います。お互いが幸せな気分になれますし、健康的に長生きするコツはまさにこれです。**笑顔こそが最強のクスリです。**どれだけつらいことがあっても、どれだけ不安を抱えていたとしても、笑っていればなんとかなります。全力の「笑顔」を身に纏って、うまく人間関係を構築し、楽しく幸せな人生を歩んでいきましょう。

POINT
笑顔でいることが人生をより豊かにする

42 冗談交じりに会話する

ユーモアは「最強の武器」だと思っています。どれだけ重い空気だったとしても、軽く冗談を交えたりすることで、その場の雰囲気が和んだり明るくなったりと、より居心地の良い空間に生まれ変わるのです。

たとえば、企業の採用面接のような場はとにかくガチガチに緊張してしまいがちですが、いざ面接の会場に入り、重い緊張感に包まれる中、面接官から冗談のようなひと言をかけられたりすると**すごく気持ちがラクになり、その場の空気が軽くなったように感じませんか？**
はじめは笑顔がつくれないくらい表情が固まってしまっていても、そのひと言の後は自然と笑顔になれたり、より面接官に対しての緊張がほぐれ、話しやすくなるはずです。そのくらい「冗談」というのはあらゆる場において効果的だということです。

これは、すべての人間関係において非常に重要なことで、コミュニケーションを交わす中でやはり**「冗談が通じる人」「冗談を返せる人」というのは重宝されます。**もっと言えば、上司や先輩から気に入ってもらえたり、大切にしてもらいやすくなります。

上の人から気に入ってもらえると、より親密度の高い関係性を構築していくことができ、仕事がしやすくなる等、仕事面においてかなり好循環になります。

スタンフォード大学の調査によると、**ユーモアのセンスがあるリーダーは、冗談を言わないリーダーに比べ、部下のモチベーションを高め、尊敬を得ている割合が27％も多かったとされています。**さらに、部下の貢献意欲は15％高く、創造性に関わる課題を解決するチームの数は倍以上だったと報告されています。まさにユーモアは、「仕事のパフォーマンスを向上させる」と言えるのです。

何事においても「冗談のセンス」は大切です。例え話をうまく取り入れたり、メールの締めにクスッと笑える文章を加えたり、陽気なコミュニケーションを心がけましょう。

しかし、初めから無理をして冗談を言おうとする必要はありません。初対面から冗談で攻めると驚かれるので、関係性を築いていく中で少しずつ冗談を交えながらコミュニケーションをとっていくといいです。誰かが傷つくような冗談は避け、相手がニコッと笑顔になるような**「気分を盛り上げる冗談」**を心がけましょう。

POINT

冗談をうまく言える、うまく対応できると周囲とのコミュニケーションはさらに円滑になる

43 嫌われる勇気よりも「敵をつくらない」

嫌われる勇気とは、ざっくり言うと「他人に好かれるよりも、自分らしく生きることを優先する」という意味を表しますが、**「嫌われてもいいから、どんどん敵をつくってもいい」ということではは一切ありません。特に仕事で敵をつくることはデメリットしかありません。**

敵をつくると、雑な扱いを受けたり、ありもしない噂を流されたり、心にダメージを負わされるような目に遭ったりと、**人間関係のトラブルが増えすごく生きづらくなります。**自分自身で生きづらい人生にするほどもったいないことはありません。

もちろん、嫌なことはハッキリNOと言ったり、自分の意見をしっかりと主張したり、部下や後輩を正しく叱ったりなど、「全員に好かれたい」「皆から良く思われたい」という承認欲求は捨てた方が生きやすくなりますし、自分自身が主人公としての人生を着実に歩むことができます。

しかし、それよりも「敵をつくらない」方がよっぽど大切です。敵をつくると、どうしても人生に邪魔が入るので、思い通りにコトが進まなかったり、助けてほしい局面で救いの手が伸びてこなかったり、苦しいときに相談できる人がいなかったり、自分の人生への野次馬が増えたりします。さらには、自分の欠点や問題にも目を背けるようになり、自分を正当化したり、他人に責任を押し付けるなど、責任転嫁しやすくなったり、人からの意見に耳を傾けずに、**自分の考え方や行動を変えようとしないことが増える要因となります。**

このように、人生をマイナスに作用させてしまう人や環境を生み出してしまうことになり、かえって自分自身が苦しむことになってしまいます。

大切なのは、たとえその人のことを「嫌い」と思っていても顔に出さないこと、そして悪口や陰口を言わないことです。相手目線に立って考えてみると、「嫌いオーラ全開」の人に良くしたいとは思いませんよね。結果的にさらに強く当たられたり、より攻撃性が増す可能性が高まるため気をつけましょう。

敵なんていない方が断然いいのです。**どれだけ嫌な人でも、味方にしておいて損はありません。**「あなたのことは嫌いです」と顔に出したり、直接言いたくなる気持ちを抑え、愛想よく、心の器をどっしりと構えて人と接していきましょう。

POINT
自分らしく生きながらも「敵を増やさないこと」が人生をうまく生きるコツ

44 「オーバーリアクション」なくらいがちょうどいい

なぜか周りの人から好かれやすい人っていませんか？　「あの人、他の人よりも優遇されてるんじゃない？」と思うような経験は今までに一度や二度はあったのではないでしょうか。そういう気に入られやすい人には「リアクションがうまい」という特徴が当てはまるはずです。**リアクションが大きいと、人から好かれやすい傾向にあります。**

冗談を言ったときや少しイジったとき、驚かせたとき、何かしてあげたときなど、大げさに反応してくれる人は、面白かったりとウケがいいので、基本的に可愛がってもらいやすいのです。プレゼントを渡した時に「えっ？　これ私にくれるの⁉　本当に嬉しい！　ありがとう！」のような反応をしてくれるとあげた側も嬉しくなりますよね。また次も、何かプレゼントしてあげたくなったりするはずです。つまり、**何もリアクションがなかったり、反応が薄い人に比べると人生得することが多い**というワケです。

オーバーリアクションはコミュニケーションを円滑にする効果があります。相手の話に対して驚いたり笑ったりすることで、相手に「話を聞いてくれている」という安心感や満足感を与えることができ、さらに会話にテンポやリズムをつけることで、会話を楽しくする効果があります。相手の話に対して大げさに反応することで、**会話にユーモアやスパイスを加えることができます。**

オーバーリアクションは練習することで鍛えることができます。テレビや漫画などを通して感情を出す習慣を持つといいとされています。自分の感情を素直に表現する練習をすることで、よりリアクション力が高まっていくはずです。**どうしても感情を出したり、リアクションをするのが苦手な場合は、声を出さないリアクションがオススメです。**「のけぞる」「目を見開く」「口を大きく開ける」「身を乗り出す」「オウム返しする」など、驚きや喜びをうまく話の展開に合わせてリアクションしながら相手の話に共感できると、よりお互いが気持ちよくなれるコミュニケーションをとっていくことができるはずです。

オーバーリアクションは自分の個性や魅力を相手に伝える方法の一つです。今までよりも少しオーバーに反応してみたりと、コミュニケーションにスパイスを加えることを意識してみるといいでしょう。

POINT
少し大げさに反応することで円滑なコミュニケーションが生まれやすくなる

45 自慢話をしない

『歳をとってやってはいけない事の3つは、説教、昔話、自慢話』

これは高田純次氏の人生の指針となる言葉で、年齢の若い20代や30代においても大切な教訓だと感じています。説教というのは、自分の経験や価値観を押し付けて、相手を不快にさせること。昔話というのは、過去に囚われて、現在の自分や相手に興味を持たないこと、**自慢話というのは、自分の成功や幸せを見せびらかして、相手に嫉妬心や劣等感を与えること**です。この3つの話ばかりしていると、自分自身いつまでも成長せず、人間関係もどんどん悪化していってしまうのですが、**3つのうち最も厄介なのは「自慢話」**だと私は考えています。

自慢話をする人の特徴は、まさに「自分の承認欲求を満たしたい」という人です。本当は自分に自信がなかったり、不安や不満を抱えていたりすることが多く、自慢話を通して自分の価値を高めたり、相手に認めてもらおうとします。しかし、自慢話は相手に不快感や嫉妬心を与えてしまう可能性が高く、人が自然と離れていきやすいので気をつけなければなりません。特に「上から目線」「SNSで過剰にアピールする」「周囲に凄いと思われたい」、これに当てはまる人は要注意です。知らず知らずのうちに周囲の人との関係性を悪化させてしまうかもしれません。

自慢話をしないことで、相手に謙虚さや品格を示し、自分の存在価値を高めることができます。自慢話は、自分の承認欲求を満たすための手段ではなく、自分の成果や喜びを分かち合うためのコミュニケーションであるべきです。自慢話をしそうになった時は、相手の気持ちや立場を考えてコミュニケーションをとることができる**「感謝」「謙虚」「共感」**の3つの心得を意識してみましょう。自分の成功や幸せに関わってくれた人や環境に「感謝」し、自分の努力や能力を過大評価せず「謙虚」に生き、相手に寄り添い「共感」や励ましの言葉をかけること。

このようにして、自慢話をするのは避け、謙虚に、うまく語ることで、相手との信頼関係を築き、良好な人間関係を保つことができます。つい自分を大きく見せたくなった時には、この教訓を思い出していただきたいなと思います。

POINT

自慢話をしてしまいそうになった時こそ「感謝」「謙虚」「共感」の3つの心得を意識する

46 聞く：話す＝8：2を意識する

人間は耳を2つ、口を1つ持っています。その理由は**「喋ることよりも、倍以上聞くことを重視しなさい」**という意味を与えられているからではないかと考えています。

人とのコミュニケーションにおいて最も大切なのは「傾聴力」と言っても過言ではありません。この傾聴力が高い人のことを「聞き上手」と言い、**本当の話し上手は「話すのが上手い人」ではなく「聞き上手」**とも言われています。聞き上手な人は、相手の話に興味を持って集中して聞き、相手の意見や感情を尊重して共感し、相手の気分を盛り上げることができます。親しみやすい印象を持ってもらいやすいため、人から好かれやすく、信頼されやすく、色々な情報を得やすいというメリットがあります。

したがって、**相手の目を見て相手の話をしっかり聞くことに8割以上、自分の話は2割以下に抑えるという意識が非常に大切**なのです。

自分の話ばかりで、相手の話をほとんど聞き入れない人がたまにいますが、そういう人は相手に自己中心的な印象を与えたり、話に関心がないと感じさせたりと、結果的に人から距離を置かれやすくなります。

「この人すごく話しやすいなぁ」と感じる人って、自分が話していることの方が多くありませんか？　カウンセラーやバラエティ番組の司会者のように、「相手に話をさせるのが上手い人」が本当の聞き上手なのです。**「表情」「うなずき」「姿勢」「笑い」「感嘆」「賞賛」**という6つのリアクションをうまく使い、自分の常識を押しつけず、相手を否定せず、マウントをとらない。まさに相手が自然と話したくなる「傾聴力」とはこういうことです。この意識だけで人間関係のコミュニケーションは驚くほどうまくいきます。

ただし、「聞く8割：話す2割」はあくまで目安であり、**相手や状況によって柔軟に調整する必要はあります。**たとえば、相手が話したがっていない場合や、自分が専門知識を持っている場合は、自分の話す割合を増やすことも必要になってきます。また、相手の話に対して質問したり要約したりすることも大切です。

「6つのリアクション」と**「聞く8割：話す2割」**を意識して相手に好かれやすく、信頼を置かれやすいコミュニケーションを大切にしてください。

POINT
傾聴力は人間関係を円満にさせ、人生を豊かにする

47 ツッコまれる隙をつくる

「ツッコまれる」というのは、バラエティ番組や漫才でよく見かける「ツッコミ」を相手にしてもらえるようなボケを言ったり、あえて場を和ませるような言動をとったりして、より親密なコミュニケーションが活発に生まれるよう立ち回るということです。

あえてツッコまれるような隙をつくると、自然とお互いに笑顔が生まれやすく、コミュニケーションがうまくいきやすいという傾向があります。

どこか抜けている「天然」と言われる人ってどこか愛嬌があって可愛らしく親しみやすいですよね。そして、ついツッコミたくなりますよね。これは**コミュニケーションを円滑にさせる大きな武器**だと考えています。

何もツッコミどころのない完璧な人よりも、ツッコミどころがある「弱みをさらけ出している人」の方が親しみやすく好かれやすいものです。これを「**愛嬌**」だと私は考えています。

愛嬌とは、相手に感じのいい印象を与える態度や言動のことです。愛嬌がある人は、周りの人を大切に思い、好奇心旺盛でユーモアがあり、一緒にいて楽しいと感じさせたり、コミュニケーション面においてかなり有利に働きます。

したがって、相手に信頼感や親近感を与えたり、癒しや幸福感を与えたりすることができます。人間関係と幸せの関係についての研究では、人付き合いの質（人間関係で感じるポジティブな感情）が高いほど幸福感も高くなるとされています。つまり、愛嬌があることは、自分自身の幸福度も高めてくれるのです。

『愛嬌というのはね、自分より強いものを倒す柔らかい武器だよ』という作家・夏目漱石の言葉があります。自分より強いものというのは「上司」や「先輩」など、立場的に自分の上にいる人のことを表します。愛嬌やユーモアが相手に信頼感や親近感を与えたり、癒しや幸福感を与えたりすることで、相手の心を動かしたり和らげたりすることができ、物事を良い方向へ持っていきやすくなるということです。相手に感じのいい印象を与える態度や言動が、相手に対抗したり打ち勝つための手段になるのです。

人から好かれる「愛嬌」は、自分や相手の幸せにつながる最強の武器です。うまくツッコミどころをつくり、愛嬌を持って人と接していきましょう。

POINT
愛嬌をうまく使いこなすことで、より親密な信頼関係が生まれる

48
余計なひと言を言わない

「何でそんなこと言うの？」「その一言必要あった？」と思うような余計なひと言を平気で発言する人がたまにいますが、**知らず知らずのうちに自分自身の印象や評価をガクッと落とすことになってしまっているので控えた方がいいです。**

余計なひと言とは、相手に不快な気持ちを与えたり、関係を悪化させたりするような言葉のことです。たとえば、「もっと頑張ればいいのに」「私ならそんなことしないけど」などのような、相手の気持ちや状況を考えずに自分の感想や評価を押し付ける言葉。相手の外見や能力について「太った？」「そんなこともできないの？」といった不快にさせる言葉。相手に対して嫌味や皮肉を含む「あなたには無理だろうけど」「あなたの意見は参考にならないから」のような言葉。余計なひと言ほど損するものはないと思っています。

余計なひと言のほとんどが**相手に対する「嫌がらせ」や「八つ当たり」**です。まさに「人間関係を壊す原因」になりかねません。そのひと言をきっかけに、相手が自分に対する信頼や尊敬を失ったり、反発や敵意を抱いたりすることで、今後コミュニケーションを円滑にとることができなくなりますし、周囲の人からの好感度が下がる可能性も大いにあります。

相手がどんな気持ちで何を求めているのかを考え、相手の気持ちに寄り添って話すことで、余計なひと言を言わないようにコミュニケーションをとることができます。**「これを言ったら傷つくかな」「これは言わない方がいいかな」ということは相手の立場に立って考える癖をつければ気づく**はずです。また、感情的になったり、早口になったりすると、つい勢いで余計なひと言を発してしまいがちです。感情的になりそうな時は、話す前にひと呼吸おくことを意識しましょう。すると、心を平静に保ったまま落ち着いて話すことができます。

余計なひと言は、日々の意識で改善することができます。自分の話をするときは、自信を持ってポジティブに伝える。相手の話のときは、共感や賞賛を示す。質問や意見をするときは、丁寧に尊重する。謝罪や感謝をするときは、素直に心から伝える。

余計なひと言ではなく、必要な時にしっかりと謝罪や感謝のひと言を言える人でありたいですね。

POINT

余計なひと言を言って得することは何一つない。

相手に寄り添うコミュニケーションを心がけよう

49 興味のない話でも興味津々に聞く

相手が興味のない話をした時にどう反応するかで、その人とのコミュニケーションがうまくいくかどうかが決まります。たとえば、「そうなんだ……」「全然興味ないや」と無愛想に反応してあしらおうとする人と、「えぇ！　それはすごい！」「面白いですね！」と興味関心を持って反応してくれる人、どちらの人と話す方が楽しいですか？　間違いなく後者ですよね。コミュニケーションというのは、ほんの少しの反応の差や言葉の違いだけで、相手に与える印象が大きく変わるものです。

たとえ、自分の興味のない話題や、わからない話をされたとしても、無愛想に対応せず、**あえて興味津々に相手の話に耳を傾けることで、相手に対する関心や好意、親近感を示すことができ、会話がよりスムーズに進み、お互いが気持ちのいいコミュニケーションをとることができます。**この聞く姿勢が長期的に良好な関係性を築くことにつながります。さらに、相手の立場や状況、悩みなどを理解することができたり、意外と自分の知らないことや気づかなかったことを学ぶことができたりします。

興味のない話でも、興味津々に聞くコツは次の3つです。

- 話に興味関心のある姿勢を見せる
- 絶対に反論や否定をしない
- 話題によって表情を変える

相手の話に関心があることを表情や言葉で示すと、相手も話しやすくなります。たとえば、笑顔で聞いたり、質問したり、相槌を打ったり、話に対しての感想を述べたりすることが大切です。

また、相手の話の内容に合わせて、うまく表情を切り替えることで、相手の感情に共感していることを伝えることができ、相手に話しやすい雰囲気をつくることができます。

これらのコツを実践することで、興味のない話でも楽しく聞くことができるようになります。周囲からも「聞き上手」だと思われて、人間関係も良好になっていくでしょう。

POINT

興味のない話をあえて興味津々に聞くことで人間関係が良好になりチャンスが巡ってきやすくなる

50 助けてもらったら相手の予想の3倍喜ぶ

私たちは日常生活の中で、いろんな人と支え合いながら生きていますが、自分が誰かを助ける場面もあれば、誰かに助けてもらう場面だってあります。家族や友人、恋人や同僚、お客様や上司、もしくは見知らぬ人など、誰かから助けてもらうようなことがあった際には、感謝の気持ちを込めて、**相手の想像以上に喜ぶことを意識**してみてください。

たとえば、誕生日や記念日に相手から何かプレゼントをもらったり、サプライズ演出してもらったり、探していた落とし物を渡してくれたり、サービス精神旺盛の対応をしてくれたりと、自分にとって嬉しい出来事があれば「えっ!?」「本当に!?」といったように、時と場合によって言葉や言い方は工夫する必要がありますが、「驚き」や「感動」を素直に表現するのです。また、日常的にも誰かが助けてくれたり、気遣ってくれたり、褒めてくれたりすることに対して、**満面の笑みで喜び、「ありがとう」を伝えることで、相手にも満足感を与えることができますし、自分自身の幸福感もアップします。**

このように、相手の想像以上に嬉しそうなリアクションをとることで、より良い関係性を築いていくことができますし、自分の表現力や感受性も高めることができ、自分自身の成長にもつながったりします。

人は本当に嬉しかった時でも、意外と反応は小さくなってしまいがちです。「あれ、本当に嬉しいのかな？」「気に入らなかったかな？」と心配させてしまうことにも。あまりにも反応が薄いと、今後そのような嬉しいイベントが起こる頻度が減るかもしれません。

人から好意を抱くためにも、自分の思っている喜びの「3倍喜ぶ」を心がけてみてください。「相手の想像の3倍」と聞くと少し難しく思うかもしれませんが、相手の気持ちや目線に立ってみて、自分がしてもらったことに対して「どんな反応をされたら嬉しいか」を想像してみましょう。そうすれば、相手の想像以上に嬉しいリアクションが見つかるはずです。

人というのは誰かを喜ばせることが好きな生き物です。そして、喜んでくれる人に対して好意を示す性質を持っています。少し大げさでもかまいません。明るく喜び、しっかりと感謝を伝えることで人間関係は好転していきます。喜びを素直に相手に伝え、より濃く深い関係性を構築していきましょう。

POINT

相手の想像以上に喜ぶ癖をつけておくと、濃く深い関係性が築きやすくなる

51 日々「小さなギブ」で種まきする

ギブ（Give）とは、**見返りを求めずに相手に何かをしてあげたり、時間や知識を与えたり、愛や感謝を伝えたりする精神のこと**です。ギブ精神は、自分だけでなく周りの人も幸せにする成功法則と言われています。

相手に喜んでもらうことで自分も満たされるようになります。自分自身が満たされていると、周りにも与えることができます。そして、与える人は、他人からも与えられることが多くなります。このように、**少しずつギブを積み重ね、周りの人間関係を良好にすることで信頼や協力を得やすくなり、人生を有利に立ち回れるようになるのです。**

ギブをするためには、**まずは自分が満たされることを優先すること**です。自分の心が満たされていないと、他人にも良いことをしてあげられなくなるため、まずは日々の習慣や自分の欲求、目標を達成することで、心に余裕が生まれ始めるようになります。また、小さなギブから始めることで、ギブの習慣が身につきやすくなります。「ありがとう」や「お疲れさま」などの一言は、相手にも自分にも良い影響を与えるなど、小さな親切や感謝の言葉を積極的に言うことで種をまくことができます。

このように、ギブ精神を持って行動する人のことをギバー（Giver）と言い、社会で最も成功しやすいタイプは、「他者志向型ギバー」と言われています。このタイプは、自分が受け取るよりも、相手に与えることを重視しますが、自分にも還元されるように相手とうまく関わることで、自分の利益を損なわないタイプです。

その一方で、最も気をつけなければいけないタイプは「**自己犠牲型ギバー**」と言われています。自分の利益はあまり気にかけず、相手の利益中心に考えるため、相手に与えすぎて自分の利益を損ねてしまうタイプです。結果的に、自分の時間やエネルギーが不足してしまい、仕事や生活に支障が出て失敗につながるとされています。

自己犠牲型ギバーのように与えすぎると、自分自身が苦しくなってしまうので、**自分を犠牲にするような生き方は避けましょう。**うまくバランスをとりながら、他者志向型ギバーに近づくことで、自分も自分の周りの人も幸せにすることができるはずです。日々小さなギブ精神を意識して、うまく立ち回り、お互いがwin-winになる関係性を構築していきましょう。

POINT
日々の小さな種まき（ギブ）が、大きな花（リターン）を咲かせる

52 人がピンチの時は必ず助ける

人と人はお互い支え合って生きていく生き物です。生まれてから今まで一人で生きてこられた人など、この世に一人もいないはずです。人を助けることで自分自身の喜びや充足感を得られるとともに、**他者からも援助されやすくなります。**これは人間の本能的な欲求である「与えること」と「受け取ること」のバランスを保つことで、心理的な安定や成長をもたらす考え方です。

困っている人を助けることで、自分自身の能力や知識を発揮することができ、自分自身の成長にもつながりますし、さらに、新たな出会いがあったり、人間関係を深めたり、感謝が得られることで、自己肯定感や自尊感情も高まります。

また、新しい知識やスキルを学ぶ機会が増えることもあります。たとえば、道で困っている外国人がいたら、自ら率先して声をかけてみる。あまり英語が得意でなかったとしても、案外なんとかなるものです。身振り手振りでなんとか道案内してみることで、自分の今の英語レベルが実感できるため、「もっと英語を学んでみようかな」という新たな挑戦をするきっかけにつながったりもするのです。何より、丁寧に道案内してあげることで人からすごく感謝されますし、自分自身の幸福感もアップします。

こういった善良な行動というのは、いつか必ず巡り巡って自分のもとへ返ってきます。ただし、毎回のように「助けてほしい」と一方的に頼んでくる人にいい顔をし続ける必要はありません。助けすぎると、相手から依存されたり、必要以上に期待されてしまうなど、過度に求められたりする恐れがあります。その結果、自分自身の負担やストレスが増えて疲弊してしまい、自分の健康や幸福を損なう可能性があります。人助けは大切ですが、何事もバランスを考えて行動することが大切です。**あまりにも依存される場合は、そっと距離を置きましょう。**自分自身が苦しい思いをしてまで助け続ける必要はありませんからね。

日常生活の中で「人助け」が必要な場面は、さまざまなかたちで訪れます。「ピンチはチャンス」だと捉え、積極的に人助けしてみましょう。

運がいい人というのは、まさにこういう人です。すると、あなたの周りにもどんどん幸せの輪が広がっていくはずです。

POINT

「人助け」をすることで、人間関係が良好になり、自分自身の幸せへとつながる

53 相手との約束は必ず守る

小さな約束事を守れない人は、たとえそれが1回や2回守れなかっただけだったとしても、**大きく自分の価値を下げること**につながります。その1回が命取りになるため要注意。「待ち合わせの時間に遅れる」「前から決まっていた予定をドタキャンする」「かっこつけて守れない約束を堂々とする」など、約束が守れない人は、自分勝手で相手の気持ちを考えない人が多いです。また、プライドが高くて間違いを認められない人や、計画性がなくて物事を適当に考えている人に多く見られます。**一瞬で相手から失望され、不信感を抱かれることになるため気をつけなければなりません。**

このように、他人との約束が守れない人は「自分との約束」を守ることもままなりません。計画性や行動力がないため、行き当たりばったりで、物事を行う順序や過程を考えずにその場の気分で決めたりします。自分にとって何が大事かを明らかにしておかないと、約束に対しての価値を感じられなくなってしまうため、しっかりと自己管理することが大切です。自己管理ができない人に、他人との約束など守れるはずがありません。

約束を守ることは、対人関係においても、仕事においても、信頼関係を築いたり、誠実さや責任感を示すためには最重要なのです。約束したことは必ず実行するようにしましょう。もし実行できないのなら、最初から約束しないこと。約束は軽々しくするものではありませんし、簡単に破るものでもありません。

仏教では、言ったことと実際にやっていることを一致させる「持戒《じかい》」という教えがあります。自分の都合や相手の立場によらず、**約束を守ることは誠実さの表れであり、相手に敬意を払うことでもある**のです。約束を破られた人は、「この人は私との時間について優先度が低いんだな」「大切に思われていないんだな」と感じ、二度と約束を交わすことができなくなるかもしれません。「約束」は最優先で考えるようにしましょう。

約束を守ることで自分への信頼がコツコツと「貯信」されていき、人間関係が良好になり、仕事や学業がスムーズに進み、幸せな人生を送ることができます。約束を守るたびに自分で褒めてみたり、ご褒美をあげたりすることも、約束を守るためには大切なことです。自分の自信や満足感を高める行動を大切にしながら、有言実行していきましょう。

POINT

約束を守ることで自分に対する「信用貯金」が貯まり人間関係がよりスムーズになっていく

54

自分の正しさを相手に押し付けない

『自分にとっての正しさを相手に伝える時は、風呂敷に包んでそっと出すくらい控えめに』

という私が以前から大切にしている言葉があります。「正しさ」というのは、人の数だけあるもの。「正しさ」は時に鋭い刃となり、人を傷つけてしまうこともあります。だからこそ、**自分にとっての「正しさ」が最も正論だと思い込んで相手に押し付けないよう日々意識してコミュニケーションをとることが大切です。人は正論ではなく「感情」で動く生き物**ですからね。

言葉というのは、良くも悪くもとてつもなく大きな威力を持っています。パワーを秘めた言葉だからこそ、使い方には本当に気をつけなければなりません。

『名探偵コナン』（青山剛昌、小学館）の主人公コナン君の有名なセリフがあります。

『一度口に出した言葉は元に戻らない。言葉は刃物だから使い方を間違えると凶器になる。言葉のすれ違いで一生の友達を失うこともある』

まさにこの言葉通りだと思います。タイミングや使い方によっては、相手を深く傷つける鋭い凶器になってしまうということを忘れてはいけません。

争いの根源には必ず「私は正しい」という感情があります。しかし、感情的になったところで相手や自分を傷つけてしまうだけなので、誰の得にもなりません。「怒り」で解決できることなど何一つありません。**正しさよりも「優しさ」を選べる人になりましょう。**

今は「多様性」や「個性」が重んじられている時代です。性別や性格、長所や短所、生まれ育った環境、学んだ教育、影響を受けた文化や思想など、その人にしかない世界観や人生観があります。この価値観をお互い尊重してこそ、より良い社会になっていくと考えています。昔の固定観念に縛られて生きていると、いつまで経っても成長できず時代に後れをとることになるため、**「私の意見が常に正しいんだ」という考え方やムダなプライドは捨て、「そんな考え方もあるんだな」と学びに変えていくことができれば、より成長につなげることができるはずです。**

自分の中の正しさだけではなく、他人の正しさも尊重することで、互いに理解し合い、協力し合い、共に生きていくことができるのです。「正しさ」を相手に突きつけることは、時に鋭い刃となることを心に留めておくようにしてくださいね。

POINT

正しさは時に「凶器」となる。お互いの価値観や考え方を尊重しよう

55

頼み事はあえて断りやすいようにする

人に何か物事を頼んだり、お誘いをしたりする時に、あえて断りにくいように頼む人がいますが、それは**かえって逆効果だと考えた方がいい**です。

たとえば、「今日すごく忙しくてちょっと手伝ってくれない？　君ならできると思って頼んでるんだよ」「この映画一緒に見に行かない？　チケットはもう買ってあるから大丈夫」のように、相手を不快にさせることは無いにしても、断りづらい状況に追い詰めてしまうと、相手からYESをもらえたとしても、「あの人は面倒な人だ」と認識されて、**次第に人が離れていってしまう要因にもなりかねません。**一時的にはうまくいったとしても、長期的に良好な関係性を続けていくことは厳しいでしょう。

本当に頼み上手、誘い上手な人は、相手に「逃げ道」を用意してあげるのです。すると、頼まれた側も気がラクですし、頼み方、誘い方からさりげない気遣いや優しさが感じられて、**「この人は付き合いやすい人」と信頼を得ることができる**のです。

たとえば、「〜をお願いしたいんだけど、全然無理しないでね」「今週末って予定ある？

もし空いてたら映画館に行かない？」「余裕があればでいいんだけど、この資料まとめてくれない？」などのような言い方であえて「逃げ道」を用意しておくと、相手も「少しだけなら」「また今度ぜひ」と思いやりのある言葉で返すことができます。

また、部下に対して「君のことを本部に推薦したいと思っている。一度しっかり考えてみてほしい」、好きな相手に対して「私とよかったら付き合ってくれない？　返事は今じゃなくていいから」という言い方にすることで、相手もその場感情ではなく、ゆとりを持ってじっくり考えて答えを出すことができるため、お互いのタメにもなります。

頼んだり、誘ったりすることはあくまでも「自分の都合」なので、謙虚に低姿勢で声をかけるようにしましょう。無理やり「ＹＥＳ」を引き出したところで、お互いにとって良いことはありません。

このように、あえて断りやすい頼み方や誘い方をすることで、**頼みやすく、頼まれやすい関係性ができていきます。**このテクニックをうまく活用して周りの人を味方にするくらいの気持ちで接していきましょう。これが長く良好な関係を築いていくコツです。

POINT
あえて断りやすい逃げ道をつくることで長期的に円満な関係性を築くことができる

56

「承認欲求」は捨てる

承認欲求とは、相手から認められたい、自分を価値ある存在として認めたいという人間の心理的欲求です。この承認欲求が強すぎる人ほど、人間関係はうまくいかず、大きなストレスを抱えることになります。

「認めてほしい」「察してほしい」「わかってほしい」「好かれたい」という感情をむき出しにしても、それは「自己中心的」な考え方になるため、人付き合いで失敗しやすいのです。

そもそも人と人はわかり合えない生き物。「なんでわかってくれないの？」と相手に求めすぎる行為はお互いのためにも相応しい行動ではありません。

そのような態度で人と付き合っていると、次第にどんどん人は離れていってしまいます。

まさに「**無言の暴力**」だと言えます。

また、イライラの原因のほとんどがこの「承認欲求」です。この気持ちが強すぎるほど、自分自身を苦しめてしまうことになります。相手に「わかってほしい」と求めて、わかってもらえなかった時は失望に変わり、そして「怒り」に変わります。そんな生き方は自分自身も苦しいですし、相手からしても関わりづらいです。お互いにとって良いことは一切ないので、承認欲求に溢れた生き方は早めに卒業しましょう。

私はこれを「**承認欲求モンスター**」と呼んでいます。言葉に出さず「察して」オーラを出し、その欲求が叶わなかった時には不機嫌な態度を全面に出す超厄介キャラクターです。その結果、周りとのコミュニケーションがうまくいかず、人間関係が悪化し、どんどん人が遠ざかっていく典型的なパターンですね。

特に職場や恋愛関係では「察してほしい」「わかってほしい」という態度はトラブルのもとになるため気をつけましょう。

コミュニケーションにおいて大切なのは、態度でアピールするのではなく、**しっかりと「言葉」にして相手に伝えるようにする**こと。自分の気持ちや考えを素直に伝えたり、相手の立場に立って考えてみたり、期待するのではなく「信用」したりと、少し今までと違うアクションを加えるだけで、相手とさらに円滑なコミュニケーションをとることができるようになりますよ。

POINT
「察して」はトラブルのもと。言葉で伝えるコミュニケーションを大切にしよう

57 人間関係は相手の長所と付き合うもの

人間関係は、自分と相手の相互理解の上で成り立つものです。どんな人にも必ず長所と短所がありますし、自分と相手の価値観が必ずしも合うとは限りません。相手の長所を認めることで、自分の印象や態度もポジティブになり、相手も自分に対して好意的になります。**相手の長所を見つけるためには、相手の話をよく聞き、相手の考え方や価値観、経験などを知ることが大切です。**

また、相手のいいところを褒めることで相手は「認めてもらえた」と感じて気分が良くなりますし、自分も相手に対し感謝や尊敬の念を伝えることができます。

友人関係や恋愛関係も同様に、短所ばかりに目をつけてものを言ってくる人とは関係が長続きしません。自分のことを否定してくるような人と付き合っていたいとは思いませんよね。このような心持ちで人と付き合っていると、人の悪い所ばかり目についてケチをつけたりと、誰からも学ぼうとしないという悪い癖が身につくため、自分自身の成長も阻害されてしまいます。

人間関係は「鏡の法則」です。自分の周りにいる人は自分自身を映しだす鏡なので、人の短所ばかり見ている人は、周りからも短所ばかり見られてはネガティブなことを思われたり、言われたりする可能性が高まります。すべてはブーメランのように自分の身に跳ね返ってくるので気をつけてくださいね。

「人間の最大の長所は欠点があること」というユダヤの格言があります。多くの人は「完璧じゃないといけない」という思い込みがありますが、そもそも欠点のない人など存在しません。人は長所で尊敬され、短所で愛される生き物です。**自分を隠さずありのままの自分を輝かせて生きることこそが、人生を楽しむ最大のコツだと思います。**

良好な人間関係を築きたいのであれば、相手の短所に目を向けるのではなく、「相手の得意なこと」や「いいところ」に注目してみてください。そうすることで、自然と相手に対して尊敬や感謝の気持ちが生まれ、より良い関係を築くことができるはずです。

相手に対して「粗探し」をするのではなく「褒めポイント探し」を心がけていきましょう。

POINT

相手の長所に目を向けることで人間関係が円満になり人生が豊かになる

58

雄弁は銀、沈黙は金

「雄弁は銀、沈黙は金」とは、沈黙することは、多くを語る以上に価値があるという意味を表し、雄弁は大事ですが、**沈黙するべき時を心得ていることはそれ以上に大事**だということです。下手なことを言うくらいなら黙っていた方がマシなこともあります。そういう時に大切にしたい考え方です。このことわざは、9世紀のアラブ文化に由来すると考えられています。

このマインドを意識することで、相手の話を傾聴したり、自分の考えを整理したり、無駄な言葉を避けたりすることができ、自分の信頼や印象を落とすことなく、誤解やトラブルを未然に防ぐことができるのです。

言葉の威力は強力ですが、時には大きくマイナスへ作用させてしまうものになります。あえて言わないことで相手に想像の余地を与えたり、自分の心を守ることができます。言葉は使い方次第で価値が大きく変わるもの。

相手の好みや価値観に合わないことを言うときは特に要注意です。たとえば、相手が「猫が好きなんです」と言ったときに「私、猫嫌いなんですよね」と言ってしまうと、相手は不快に感じたり、関係がぎくしゃくしたりする可能性があります。**この場合は、自分の感想や評価を言うのではなく、相手の話に共感して「猫お好きなんですね」と言うだけで十分です。**そうすることで、相手は自分の話を聞いてもらえたと感じて好印象を持ちます。**わざわざ相手を不快にさせてしまうようなひと言を言う必要はありません。**

商品のセールスにおいても、沈黙が続くと不安になってペラペラとセールストークを進めたくなりますが、相手の沈黙にも意味があるためそれはむしろ逆効果。沈黙を尊重し相手の反応を待つことで、信頼関係を築いたり、成約に近づけることができます。**うまい営業マンや販売者はお客様にたくさん喋らせて、聞く側に回り、交渉事を有利に運ぶというテクニックを活用しています。**

つい言い返したくなったり、話しすぎてしまいそうになった時にはこの言葉を思い出してみてください。話の流れや相手の価値観、考え方に合わせながら沈黙すべき時を心得て、話すべきタイミングを見極め、お互いが気持ちよくなれるコミュニケーションを意識していきましょう。

POINT

独りよがりの雄弁は雑音になりかねない。沈黙すべき時を見極めることの方が重要

59

苦い汁より一滴の甘い蜜

『一滴の蜂蜜は大量の苦い汁より多くのハエを集める。人間も同じことだ。もし自分の言うことを聞き入れてほしいなら、まず自分が相手の誠実な味方であることをわからせる必要がある』

これは元アメリカ合衆国大統領エイブラハム・リンカーンの有名な言葉です。相手が不快になるような言葉を言い放ったり、ネガティブな態度をとっていたところで、いい方向に進むことはありません。

「あなたは残念な人だ」「君の意見は参考にならない」などのように、いつも批判ばかりされているような相手から、いきなり「味方になってほしい」「この件について賛同してもらえない?」と働きかけられたところで、そんなものは到底無理な話です。

相手を味方にしたければ、まずは自分がその人の味方になることです。日頃からの優しい言葉が相手の心に刺さり、相手の理性にうまく働きかけてくれることになります。

そして、相手が自分のことを味方だと認識さえしてくれれば、自分の意見に対しても賛同してくれるようになります。**普段のコミュニケーションのとり方一つで、自分の味方になってくれるかどうかが決まる**のです。上から目線やマウントをとるような態度、相手を真っ向から否定するような言動は控えるべきです。

たとえば、日頃から自分に対して「**君の意見本当に参考になるよ**」「**いつも助かってるよ、ありがとう**」「**この件は君に任せるよ**」と信頼を置いてくれて、嬉しい言葉をかけてくれる人と、「本当にわからないやつだな」「こんなんじゃ全然ダメ」「何が言いたいのかさっぱりわからない」と否定的で上から目線で厳しい言葉をかけてくる人がいたとしたら、間違いなく前者のように肯定的な言葉や意見をくれる人に好意を持ちますし、そういう人の味方をしたいと思えますよね。

したがって、大量に苦い汁（苦言・否定的な言葉）をばら撒いたところで、その人に協力的になってくれる人の数など知れています。それよりも、一滴の甘い蜜（優しい言葉・肯定的な言葉）を垂らしてあげた方が協力的な人が集まりやすいというわけです。

日頃から機嫌が悪かったり、人づかいが荒かったり、感じが悪い人は、後の人生において確実に「損」するはずです。

むしろ、みるみるうちに人が離れていき、気づいたときには「独り」になっているかもしれません。

「敵をつくること」には一切メリットがありません。 自然と人から好意を抱くためにも、誠実でやさしく相手に寄り添ったコミュニケーションを大切にしましょう。

POINT

日頃からのポジティブなコミュニケーションが人間関係や仕事を円満にするコツ

第4章

驚異の新人の「習慣術」

60 15分のパワーナップで生産性アップ

「パワーナップ」とはお昼の12時から15時くらいにかけて短時間の睡眠をとる昼寝のことを指します。「仮眠」とも言われたりします。このパワーナップは、脳や身体の疲労をとるためには非常に効果的な習慣なのです。

パワーナップによって期待できる効果としては、**「集中力の向上」「作業効率アップ」「ストレス軽減」「記憶力向上」「心臓疾患や認知症の予防」**など、昼にたった15分寝るだけでこのような効果があるなんて驚きですよね。作業効率アップだけでなく、ストレスを軽減させたり、病気予防までできてしまうのです。**最近このパワーナップが注目されており、GoogleやNIKEなどの外資系企業だけでなく、日系企業においても生産性アップのために取り入れる企業が増えてきています。**

パワーナップで疲労回復できる仕組みには、睡眠のメカニズムが関係しています。睡眠は、睡眠の浅い「レム睡眠」と睡眠の深い「ノンレム睡眠」という段階があります。パワーナップでは、睡眠の深い「ノンレム睡眠」のみで目を覚まします。これによって、脳内に蓄積した疲労をリフレッシュさせ、身体にいい効果をもたらすのです。

パワーナップの質を高めるコツは、入眠前にアラームをセットしコーヒー（カフェイン）を飲むことです。カフェインは15〜20分程度で脳に達すると言われています。その間に15分程度の睡眠をとることで、アデノシンという脳の疲れを感じさせる物質が減少し、カフェインが脳に達する頃にはアデノシンをブロックするため、脳の疲れが回復し目覚めがスッキリするのです。

いいこと尽くしのように思えるパワーナップですが、昼寝の「時間」には注意してください。**昼寝を1時間以上など長くとってしまうと、さまざまな病気や死亡リスクを高める**ことがわかっています。したがって、アラームを15分後にセットし入眠することが大切です。

うまくパワーナップを取り入れることで、仕事のストレスを減らし、疲労を回復させ、生産性を上げることができます。本当に全国的に取り入れるべき習慣だと思っています。ぜひあなたの毎日の習慣の一つに取り入れてみてください。

POINT

15分の昼寝は脳をスッキリさせ、仕事のパフォーマンスを格段に高める

61

7時間睡眠は死守せよ

近年、睡眠不足の蓄積が、がんや生活習慣病、うつや認知症などさまざまな病気リスクを高めることが各方面の研究結果から明らかになっており、人生において「睡眠」は最重要だと言えます。**睡眠は「人生の3分の1の時間」を占めます。**それだけ人間が活動する上で心身の健康状態を支えるために欠かせないものだということです。

身体の疲労回復はもちろんのこと、成長ホルモンの分泌を促したり、記憶の定着や整理、免疫機能の増加など、睡眠は私たちの身体を守る大切な習慣となります。

しかし、睡眠不足は大きなマイナスであり、6時間睡眠を10日間続けると24時間、14日間続けると48時間徹夜したのと同程度の認知機能にまで下がるのだそうです。これは日本酒を1~2合飲んだ時の「**酔っぱらい状態**」での認知機能に相当するので、疲れやすく、感情が不安定になり、人間関係まで悪化させてしまうことにもつながります。認知症による認知力低下の可能性も約2倍にまで上昇するという恐ろしいデータもあるくらいです。

そして、**徹夜など絶対にＮＧ**です。**ペンシルバニア大学の研究によると、「たった1日の**

徹夜で集中力は激烈に低下し、その後4日間は充分な睡眠をとっても回復しない」ということがわかっています。睡眠時間を削ってまで仕事や勉強をするのはまさに「愚の骨頂」だと言えます。

その一方で、睡眠時間が8時間を超えると集中力や判断力の低下、免疫力の低下、アルツハイマー病の発症率が1・8倍になる等、むしろ**「寝すぎ」も身体の健康を損ねてしまう**ことに。6時間未満のショートスリープも、8時間以上のロングスリープも健康状態を損ねてしまうリスクが大きくなるということです。

最適なのは7時間〜8時間の間で自分に一番合った睡眠時間を見つけ出すことです。もちろん自分に合った寝具を使っているかというのもありますが、日中眠くならなかったり、身体の怠さを感じない時間があなたにとってベストな睡眠時間です。

睡眠はメンタルや仕事の生産性、人間関係など、人生におけるすべてのことに影響します。睡眠の重要性は近年テレビや書籍でもたくさん取り上げられています。たとえ、仕事が忙しかったとしても、睡眠だけは絶対に削らないようにしましょう。

POINT
睡眠は人生における最高の健康療法

62

早寝早起きは本当に「三文の徳」？

早寝早起きには、体にさまざまないい効果があるとされています。早寝早起きをすることで、病気の予防や回復力の強化につながるホルモンが分泌されたり、肌や胃腸の調子も良くなったり、成長ホルモンによるダイエット効果も期待できます。

早起きすることで得られる最も大きな効果は「**朝の時間を有意義に使える**」ということです。朝起きてからの3時間は「ゴールデンタイム」と言われています。この時間帯は脳が最も活発に働く時間帯のため、運動能力や記憶力が上がりやすくなり、作業効率が圧倒的にいいと言われています。

多くの成功者は「早起き」したことによって得られる時間を有効活用し「**朝活**」をしていることで知られています。スターバックス創業者のハワード・シュルツ氏は4時半に起床を習慣化しています。戦国武将の織田信長や豊臣秀吉も早起きだったとされています。朝の時間は、電話がかかってくることもなく、人も少なく、**仕事や情報収集に集中できる**というメリットがあります。また、睡眠で脳や身体の疲れがリセットされているため、スッキリした状態でやりたいことに集中することができます。朝から有意義な自分の時間を過ごすことができるため、一日をスッキリとした気分で心にゆとりを持って前向きな気分でスタートさせることができます。

私は以前、寝落ちしそうになりながらも毎日夜遅くまでプログラミングの勉強に取り組んでいました。正直言って効率が悪く、全然頭に入っていないことも。ある日ふと気がついたんです。「朝起きて脳がフレッシュな状態で勉強すれば、効率よく勉強できるのではないか」と。それから私は早寝早起きを習慣化するようになり、**以前よりも明らかに効率よく勉強を進めていくことができるようになりました。朝の1時間はまさに夜の3時間に匹敵すると言われています。**逆にいえば、仕事で疲れた脳は自覚が無くても「パソコンのフリーズ寸前」のような状態なのです。夜型は一刻も早く卒業しましょう。

朝の時間を有効活用することで生産性は上がり、一日がより長く感じ、規則正しい生活リズムで過ごせるなど、たくさんの恩恵を受けることができます。まずは、いつもより10分早く寝て、10分早く起きるくらいの低いハードルから始めてみましょう。

POINT

朝の過ごし方が、その日一日の充実度を決める

63
湯船に15分浸かってリフレッシュ

湯船にしっかりと入浴することで、さまざまないい影響を身体に与えてくれます。**身体が芯から温まり全身の血行が良くなることで、免疫力が高まり、溜まった老廃物や疲労物質の排出にもつながり、筋肉の緊張やこりもほぐれやすくなり、むくみ解消や疲労回復、リラックス効果もあるため、気持ちよくぐっすりと深い眠りにつくことができます。**

ポイントは「**温度と時間**」です。熱めのお風呂（42度以上）で30分以上入浴する長風呂はかえって脱水症状や、寝つきが悪くなる原因になってしまうため、注意が必要です。**理想はぬるめの38度～40度のお湯に15分程度浸かる**こと。

「普段はシャワーしか浴びない」という方もいると思います。浴び方次第では十分に体を温め、疲れをとることができますが、シャワーだけでは表面上の体温だけが上がり内部の温度が変わらないため、十分な疲労回復効果や催眠効果は得られず、疲れを残したまま睡眠をとることになる可能性が高いのです。

最も深い睡眠をとることができるのは、「入浴後90分」とされています。アメリカ・テキサス大学の研究によると、眠る90分前に湯船に浸かると、体温が眠りへ誘うよう調節され、入眠までの時間を平均10分ほど早めることがわかっています。これは、深部体温を一旦上げることで、上がりすぎた体温を下げようと毛細血管に血液が大量に送り込まれ、熱放散が生じ、深部体温がいい具合に下がっていく仕組みとなっています。この一連の流れにかかる時間が約90分なのです。サウナの「ととのう」を経験したことのある人ならわかると思いますが、体の芯から温まったあとに水風呂に入り、外のイスで風にあたりながら休憩することで最高に心地いい気分になれますよね。あの現象と原理は同じです。

ちなみに、食後3時間以内に入眠してしまうと、胃腸の中に食べ物が残った状態で眠ることになり、睡眠の質が低下する恐れがあるため、**食後3時間は間隔を空けてからの睡眠を意識**しましょう。つまり、朝5時に起きるのであれば、22時に寝る。3時間前の19時にはご飯を食べ終える。20時30分に入浴を終える。

このように逆算して習慣サイクルを整えていきましょう。

POINT

40度のお湯に15分浸かり90分後に入眠することで疲労回復&質を上げる効果がある

64 デジタルデトックスを積極的に取り入れる

デジタルデトックスとは、スマホやパソコンなどデジタル機器の使用を控える過ごし方を意識することです。特に**現代人は「スマホ依存症」になりがち**です。電車でスマホ、会社でスマホ、家の中でスマホ、外出先でスマホ……と、手元にスマホがないと落ち着かない人も激増しているそうです。

このデジタル機器の使いすぎが、私たちに大きな悪影響を及ぼすと世界的に問題視されています。実はデジタル機器の過剰な使用は、**心身のストレスや疲れ、人間関係や自然とのつながりを低下させる**などの悪影響をもたらします。

デジタルデトックスをすることで、情報過多から解放され気持ちがスッキリし、目や脳の筋肉を休め、疲れをとることができます。対面でのコミュニケーションや自然を感じることなどに割く時間を増やすことができ、ストレスを軽減したり、より人間関係を円満にしたりと、さまざまないい効果が期待できるのです。

特に、睡眠前のデジタル機器には気をつけましょう。スマホやパソコンから発せられるブルーライトは、睡眠ホルモンであるメラトニンの分泌を妨げるため、寝る前はスマホやパソコンを触らないことで**デトックス効果が得られ、深い睡眠をとることができます。**うまくデジタルデトックスを取り入れて心身の健康を守っていきましょう。

まずは、自分が何時間デジタル機器を使用しているか状況を把握することが大切です。スマホには使用時間を記録する「スクリーンタイム」というアプリがあるため、それらを利用して使用時間をチェックしてみましょう。

次に取り組みやすいルールを作ることです。「寝る前1時間はスマホを見ない」など、無理のない範囲で自分に合ったルールを作っておきましょう。そして、**アプリの通知をオフにしておくことも大切**です。緊急性のないものは通知をオフにし、デジタル機器を使う時間をコントロールしていきましょう。

このように、デジタルデトックスを取り入れることで、デジタル機器とうまく付き合っていくことができます。私は眼精疲労が酷かったのですが、デジタルデトックスを取り入れることで本当によくなりました。無理のない範囲でぜひ試してみてくださいね。

POINT

デジタル機器に触れる時間をコントロールすることで心身の疲れがリフレッシュされる

65

昼食は低GIの軽食で済ませる

お昼ご飯を食べた後に、恐ろしいくらいの眠気が一気に襲ってきた経験はありませんか？

それは、**「GI値」の高い食べ物を摂取**した可能性があります。

GI値とは、食品に含まれる糖質の吸収度合いを示し、低GI食品とはGI値が55以下の食後血糖値が上がりにくい食べ物のことです。低GI食品とは、次の通りです。

- 玄米やそば、ライ麦パンなどの精白されていない穀物
- 肉や魚など炭水化物をほとんど含まないもの
- 寒天やこんにゃくなどのデンプン質が少ないもの
- きのこ類や海藻類などの食物繊維が豊富なもの
- 乳製品や大豆製品などのタンパク質の多いもの
- さつまいもやハイカカオチョコレートなどの甘いもの

これらの低GI食品は、血糖値の上昇をゆるやかにするだけでなく、**満腹感が長く続く**というメリットもあります。**血中コレステロール値も下げる働きがあるため、肥満や糖尿病などの生活習慣病の予防にも効果的だと言われています。**一方で、高GI食品とは「GI値70以上」と言われています。代表的な高GI食品は次の通りです。

- 穀物・パン・麺類：食パン、うどん、餅、インスタントラーメン、白米
- 野菜類　　　　　：じゃがいも、にんじん、かぼちゃ、山芋
- 菓子類・その他　：チョコレート、クッキー、フライドポテト、コーンフレーク

GI値が高いほど食後の血糖値が急上昇しやすく、インスリンというホルモンが大量に分泌され、急上昇した血糖値を下げようとします。すると、血糖値が急激に下がり低血糖状態になるため、**眠気や頭痛などの症状を引き起こしやすくなり、食後の生産性がガクッと下がってしまいます。**ぜひこれからのランチは「低GI」を意識してみてくださいね。

POINT **低GI食品を積極的にとり、日中の生産性を高めよう**

66

こまめに水分補給をとる

水分不足になると、集中力や記憶力、判断力などの知的パフォーマンスが低下し、作業効率や生産性が落ちるだけでなく、熱中症や脳梗塞、心筋梗塞などの健康リスクも高まります。**なんとオフィスで働く人の約9割は「水分不足である」という調査結果も出ています。**1日に必要な水分量の目安は2Lと言われている中、オフィスで働く人のほとんどが1L未満の摂取量とのことです。ほとんどの人が水分不足により作業効率が低下していると言えます。

水分補給は脳の働きを助けるという研究があり、知的作業をする前に500mLの水を飲んだ人は、**飲まなかった人に比べ14%も反応速度が速くなった**という結果が見られています。「のどが渇いた」と感じる前に水分補給することが大切です。

水分補給に最も良い飲み物はやはり「水」です。水道水や電解水素水、ミネラルウォーターなどが水分補給に適しています。カロリーや塩分、糖質が一切含まれていないため、安心してたくさん飲むことができますね。他に、カフェインの含まれていないお茶として、麦茶、そば茶、ルイボスティーなどがオススメです。ジュース類には大量の糖分が含まれているため水分補給目的で飲むのは控えましょう。

また、注意点としてアルコールや多くのカフェインを含む飲み物には「利尿効果」があり、かえって脱水や血液のドロドロ化を招くことになってしまうため、このような飲み物では「水分補給」にならないことを把握しておきましょう。

仕事中だけでなく、起床時や就寝前、食事の30分前、運動中や前後、入浴前後、飲酒時など水分を失いがちなタイミングで飲むようにするといいでしょう。水は美容の観点からも大きく注目されています。私は以前、コーラやミルクティーなどの甘い飲み物が大好きでしたが、当時の自分を思い返すと、本当に肌荒れしていたなぁと感じます。

洗顔料をいいものに変えたりしても「なぜ治らないの？」と思っていましたが、体の内側からしっかり整える必要があったということです。**水中心の生活に変えてからは肌も綺麗になりましたし、何より太らなくなりました。**

こまめに正しい飲み物で水分補給することは、人生をいい方向へと導いてくれることにつながります。些細なことですが、こういう小さい習慣の積み重ねを大切にしてください。

POINT

生産性や健康効果を高めるためにも、こまめに水分補給しよう

67 積極的に「ため息」をつく

「ため息をつく」と聞くと、ネガティブなイメージがあるかもしれません。「ため息をつくと幸せが逃げる」という有名な迷信がありますが、これはため息を不快に思った人がため息をついた人に対して、このように言い聞かせて止めさせたことが始まりだと言われています。

しかし、**実はため息はカラダにとって非常にいい呼吸法なのです。深く息を吸って、強く吐くことでストレスや緊張をほぐす働きがあります。**

緊張している時は肩の力が抜けてラクになりますし、血液の流れが促進される効果もあり、副交感神経が活発になり自律神経のバランスが整い、怒りや興奮を鎮める感情のコントロールにも非常に効果的です。

仕事中に緊張したり、ストレスが溜まったときに、意識的にため息をつくことで区切りがつき、**その後のモチベーションを維持しやすくなります。**

ため息は「深呼吸」のようなものです（正確には「吐く息の長さ」が違うとされていますが）。イラッとした時は深呼吸してみましょう。怒りのピークは「6秒」と言われており、6秒待つと鎮静されると言われています。これは感情を抑制する脳の「前頭葉」という部分が働き始めるのに4～6秒ほど時間がかかるため、「6秒ルール」というのが推奨されています。**少しでも時間を置くことが感情コントロールの鍵**です。

深く息を吸って、深く息を吐く。これだけでも不思議とイライラが消えてくれます。私はイラッとした時には、積極的にため息（深呼吸）を意識していますが、本当にイライラ感情がマシになります。ストレスフリーな人間関係を築くためにも非常にオススメです。

ただし、ため息を人前でつきすぎると周りの人を不快にしてしまう可能性があるため、できるだけ人のいない場所や、人に聞こえない程度につくなど工夫するようにしましょう。**ため息は適度につく**ことが大切です。

背筋を伸ばし、姿勢を正し、肩を上げながら鼻から4秒かけて息を吸い、一気に肩の力を抜いて下げ、一緒に口から6秒かけて息を吐き出すようなため息がオススメです。

もちろん、人によってやりやすい秒数があるので、あくまでも目安にしていただき、自分なりのため息法を見つけてみてください。

POINT
ため息をうまく活用し、集中力や感情をコントロールしよう

68

長時間座りっぱなしで作業しない

デスクワークやリモートワークという働き方によって、長時間座りっぱなしで作業したり、家の中から出ずに仕事に取り組む世の中が波及したことから、以前よりも毎日の歩数が減ったことで運動量が減ったりと、健康被害が懸念されています。毎日のように通勤していた人が毎日のように家の中で座りっぱなしで作業となると、その運動量の差は明らかですよね。

座りすぎは血流が悪くなるため、生活習慣病や動脈硬化、心筋梗塞などのリスクを高めるとされています。

長時間座り続けることは「**座りすぎ症候群**」とも呼ばれ、世界の死亡原因の第3位になっているとWHOが発表しています。**オーストラリアの研究では、1時間座り続けると平均余命が22分短くなるという結果が出ており、1日に座っている時間が11時間以上の人は、4時間未満の人に比べて死亡リスクが40％も高いことがわかっています。**

また、1日に12時間以上座っている人は、6時間未満の人に比べて疲労や高ストレス状態など、メンタルヘルスの状態が悪い人が3倍も多いことがわかっています。

したがって、「こまめに立ち上がる」を意識することが生産性を上げ、健康を守るためにも大切です。1時間に1回はトイレ休憩に行く。近くのコンビニに行く、歩き回る、遠くの席の人に話しかけにいく、ストレッチする等、**血液の循環が悪くならないよう定期的に身体を動かすこと**が大切です。

また、「スタンディングデスクを使う」というのも一つの手です。座りっぱなし作業が無くなることから今注目されているアイテムの一つで、健康効果に加えて作業効率も上がることから多くのオフィスでも導入され始めています。

スタンディングデスクは、座っている時の2・3倍カロリーを消費することができるため、体重60kgの場合は30分の立ち仕事をするだけで90kcalを消費できると言われています。

このように、立って仕事をすることで生産効率を上げたり、運動不足解消効果を期待することができます。

座りすぎは病気リスクを高めてしまうことからも、極力座りっぱなしは避けるようにし、身体を都度動かすように意識して仕事に取り組みましょう。

POINT
血行を悪化させないことが生産効率アップと健康維持の鍵

69 ポモドーロテクニックを駆使する

ポモドーロテクニックとは、**集中する時間と休憩時間を繰り返すことで、仕事のペースを生み出す時間管理術**の一つです。ポモドーロはイタリア語で「トマト」を指し、この時間術を考案したフランチェスコ・シリロ氏が愛用していたトマト型のキッチンタイマーに由来しているとされています。ポモドーロテクニックの仕組みは次の通りです。

- タイマーを25分にセットして作業を開始する
- タイマーが鳴ったら5分の休憩をとる
- 5回に1回は15分~30分の少し長めの休憩をとる

たったこれだけの非常にシンプルなものです。**25分集中↓5分休憩↓25分集中↓5分休憩……というサイクルを意識すると、仕事を細かく分割することができ、集中が途切れることなく作業効率やモチベーションが格段にアップします。**短い休憩を挟むことで、脳を休ませることができ、過度な疲労を感じることなく再び作業に集中することができます。

YouTubeなどでポモドーロタイマーと検索すると、集中できる自然の音25分+休憩5分がセットになった動画がたくさんアップされています。タイマーのスマホ用アプリもアプリストアからダウンロードできるので、手動でタイマーセットするのが面倒だという方は、このような方法を活用するのもいいでしょう。

休憩時間には、作業に関係ないことでしっかりリラックスして心身を休ませましょう。遠くを見て目を休ませたり、水分補給やストレッチをしたり、好きな音楽を聴いたり、軽い読書をしたり、**次の25分作業に集中するための準備時間と考えましょう。作業に関連することに取り組んだり、メールやSNSをチェックしたりするのは避けましょう。**休憩時間はあくまでも「リラックス」を意識するのが大切です。

私はついダラダラと時間を決めずに作業をする癖があり、集中力も作業効率も著しく低かったのですが、このポモドーロテクニックを取り入れてからは軽く倍以上生産性がアップしました。ぜひ騙されたと思って実践してみてください。

POINT
集中×休憩のこまめなサイクルが生産性を格段に高める

70 If-thenプランニングの効果を最大限活用する

If-thenプランニングとは、習慣化テクニックの一つです。「もし〜なら（If）、そのときは〜（then）」というように事前に行動を決めておくという**目標達成のための習慣化テクニック**の一つです。

たとえば、「朝起きたら、すぐに歯を磨く」「もし筋トレをするなら、プロテインを飲む」「外に出たら、日焼け止めを塗る」というようなルールを作ります。この方法は心理学者のピーター・ゴルヴィツァー氏が研究しており、目標達成率を高めることが実証されています。If-thenルールを決めて脳にインプットしておくことで、Aという行動をした時に自然とBという行動にも意識が向くようになるので強い意志を持たなくても行動が実行しやすくなります。

このIf-thenプランニングを実践するコツは、内容を具体的にすることです。時間、場所、状況などを明確にしておくと、その効果はより高まります。ノートに書いたり、スマホのアプリを活用し、決めたルールをいつでも確認できるようにしておくといいでしょう。

このIf-thenプランニングは、仕事だけではなく勉強やダイエット、禁酒や禁煙などにも効果的だと言われています。

勉強の場合には、「もし15時にスマホでゲームをしていたら、アプリを閉じて集中する」「電車に乗ったら英語のラジオを聴く」など決めておくと、ムダな時間をつくることなく自分の成長に時間を充てることができるため、目標達成率を上げることができます。

禁煙や禁酒の場合は、「タバコを吸いたくなったら、ガムを嚙む」「飲み会に誘われたら、ノンアルコールのビールを注文する」「禁煙・禁酒を始めて1週間経ったら、自分にご褒美をあげる」など、**このように自分が誘惑に負けやすい状況を「if」で想定し、「then」でそのときの対処法を決めることが大切です。**

「If-thenプランニング」を活用することで少しずつ無理なく習慣化することができるので、ぜひ自分に合ったIf-thenルールをつくり、実践してみてください。きっと卒業したかった悪習慣ともサヨナラしやすくなるはずです。

POINT

「もし～なら、そのときは～する」と行動を決めておくことで目標達成率を格段に高めることができる

71 1日10分の自分会議

自分会議とは、自分自身へ積極的に質問を投げかける場を設け、自分の思考を整理し、新たな決断をするために大切な習慣の一つです。

自分会議を行うことで、「**頭の中の考えを整理できる**」「**判断力やアウトプット力を高めることができる**」「**良いアイデアが浮かびやすい**」といった効果があります。そして、思いついたことや感じたことを言語化し、それぞれ結びつけながら思考を深めることで、**新たな発見やクリエイティブなアイデアが生まれるのです。**

自分の頭の中にある考えを質問と回答を繰り返すことでより具体的な行動に落とし込みやすくなります。また、自分会議では自分の考え方の「軸」を明確にすることで、周囲に流されずに意思決定ができるようになります。

自分会議をするためには、まず「時間」「場所」「目的」の3つを決めます。私の場合は、「時間：21時〜21時10分」「場所：リビング」「目的：思考の整理と今日学んだことのアウトプット」のようなかたちで決めています。時間や場所は誰にも邪魔されない時間帯と場所を選ぶようにしてください。目的に関しては、自分が何を知りたいか、何について考えたいかを明確にしましょう。**「自分はどんな仕事がしたいのか」「今悩んでいることは何か」など、特に頭の中でモヤッとしていることを取り扱うことをオススメします。**

用意するのはペンとノートのみ。スマホやパソコンのメモアプリでもOKです。用意できたら、自分会議スタートです。自分に質問を投げかけながら、思考や感情を書き出し、深掘りしていきましょう。うまくアナログとデジタルを使い分けたり、**ディベート思考（あるテーマについて異なる立場に分かれて議論する考え方）を試すとアイデアが浮かびやすくなりオススメです。**最後に書き出した内容を見直し、気づきや学び、今後の行動計画などをまとめて終了です。自分会議の成果を周りの人やSNSなどにシェアすると、より効果的です。

「1日10分」とお伝えしていますが、慣れてきたら15分、30分と時間を伸ばしていっても良いかと。自分と向き合う時間があるに越したことはないので、時間がとれそうなら時間を確保してじっくりと向き合ってみましょう。この自分会議習慣を日々積み重ねていくことで、論理的思考力もグッと高まっていきます。ぜひ試してみてください。

POINT
1日1回自分と向き合う時間を設け、思考を整理しよう

72

スリー・グッド・シングスで1日を振り返る

スリー・グッド・シングスとは、ポジティブ心理学を提唱するマーティン・セリグマン氏が考案した手法で、**「今日あった良いことを3つ書き出す」という振り返り習慣**です。セリグマン氏の論文によると、**この習慣を1週間続けた人は、6ヶ月後まで幸福度が上昇し、抑うつ状態が軽減したという効果が出ています。**

他にも、「良いことに意識を向けることで、幸福感が高まる」「良いことの理由を考えることで、自分の行動や環境に感謝できる」「自分の良いところや良いことに気づきやすくなり、自己肯定感やストレス耐性が高まる」「寝る前にポジティブな気持ちになれることで睡眠の質が向上する」といった効果が期待できます。感謝することは、ストレスホルモンの分泌を抑えるため、睡眠の質だけでなく、心臓や脳の機能も改善し、免疫力が高まり、寿命も延びるという研究もあります。そんないい効果を与えてくれる「スリー・グッド・シングス」の具体的なやり方は、寝る前にノートやスマホに次の内容を書き出すだけです。

● 今日あった良いことを3つ
● その良いことがなぜ起きたのかの理由

たったこれだけです。非常にシンプルですよね。どんなに些細なことでも「うれしかった」「楽しかった」「幸せだった」と思えたらそれでOKです。「アラーム無しで早起きできた」「ご飯が美味しかった」「きれいな花を見つけた」など、当たり前のような日常でも、少し見方を変えればたくさんの「良いこと」に気づくはずです。すると、自分が本当に大切にしたい価値観にも出会えるようになり、人生がより豊かになるのです。

一つだけ注意点として、たくさん良いことがあったからと何個も書いてしまうと効果が薄れるため、書くのは3つだけにしておきましょう。また、できればノートに手書きで書くと記憶にも残りやすくなるのでオススメです。

毎日の日記の中で「良かったこと」を3つ振り返ってみるのも、気軽に始めやすくて非常にいいと思います。ぜひ騙されたと思って取り入れてみてくださいね。

POINT

良かったことを振り返る習慣を身につけることで小さな幸せに気づきやすくなり、人生がより豊かになる

73 1日30分本を読む

読書は最強コスパの自己投資です。**あの有名な偉人や経営者、有名人といつでも好きな時に対話できて、貴重な経験を惜しみなく語ってくれる最高のアイテムなのです。**

人生は有限です。すべての事を経験しようとしても、必ず限界があります。でも本を読めば、その**著者の人生を「疑似体験」することができ**、自分の知らない世界や人生に触れることができるのです。たったの数時間でその著者が何年もかけて学び得たことを知ることができる。しかも、街の本屋へいけば数千円で簡単に手に入る。ハッキリ言って、こんなにコスパのいいものはありません。

たとえば、1000円の本を買ったとして、その知識を活かして10万円の売上をつくることができたとします。それだけでリターンは100倍なわけです。どんな優良株でもせいぜい年率5％程度。**まさに他のどんな投資よりもノーリスク・ハイリターン**。これが読書による「自己投資」なのです。「この本少し気になるけど、お金もったいないから買わないでおこう」という考え方のほうがもったいないということに気づくはずです。

教養や知識を身につけることができるだけでなく、読書は脳のさまざまな部分が活性化され、記憶力や集中力が向上する等、脳にもいい影響を与えてくれます。

さらに、イギリスのサセックス大学の研究によると、**1日6分間の読書で68％のストレス解消効果があるということが明らかになっています。**読書療法としても活用されているほど心を安定させる効果が期待できます。

まずは1日5分でもいいので、本を読む時間を設けましょう。寝る前に5分だけ。朝起きて5分だけ。このくらいで構いません。意外と「5分だけ」と決めると、集中してスラスラ読めてしまい、「全然時間が足りないな」と感じるものです。慣れてきたら10分、20分と時間を延ばし、30分を目安に習慣化してみましょう。30分といえば1日のうちたったの「2％」です。

成功者の共通点の一つに「読書」は例外なく入っています。**日本でも年収1000万円プレイヤーの63・4％が毎月1冊以上の本を読んでいるという調査結果があります。**それほど人生において大切な習慣の一つなのです。ぜひ毎日の習慣に取り入れてみましょう。

POINT
1日30分の読書で人生は好転する

74

趣味の時間を大切にする

人生は仕事とプライベートのバランスが大切です。仕事でいっぱいいっぱいになってしまうと、プライベートの時間が無くなり、心の余裕が無くなり、ネガティブな思考に陥ったり、メンタルが不安定になったりと負の連鎖に陥ってしまいます。

趣味の時間を持つことで、心身の健康にいい影響を与えるという研究があります。趣味はストレスを軽減し、気分をリフレッシュさせる効果があります。趣味は日常生活から離れて没頭できるので、イライラや不安などを忘れさせてくれるのです。

また、同じ趣味を持つ仲間と交流することができたり、自分の能力や成長を実感できたり、新たな知識や価値観に触れることで視野が広がったり、自分の新たな強みの発見になったり、生活に潤いや楽しみを与えてくれます。

仕事に集中する時間と自分の好きなことを楽しむ時間を明確に分けることで、**メリハリのある充実した生活を送ることができます。**プライベートにまで仕事を持ち込まないことは、人生を謳歌するためにも非常に重要なことです。

「何の趣味もない……」という人は、自分が何に興味を持っているか、何をやってみたいと思っているかを振り返ってみましょう。自分の中にある好奇心や欲求を掘り起こすことが、趣味探しの第一歩です。友人に紹介してもらうことも一つの手です。友人と一緒に体験してみることでより楽しさを感じることができ、仲も深まりやすくオススメです。また、SNSやインターネットで興味あるキーワードを検索して情報収集してみることで、不特定多数の人からの意見やアドバイスなどを参考にできるため、さまざまなメリットやデメリットなども幅広く知ることができます。

このように、趣味の見つけ方にはいろんな方法がありますが、自分に合った方法でたくさんの事にチャレンジしてみるのがいいでしょう。**趣味の時間は「自己投資」の時間でもあるのです。一度きりの人生、仕事に追われるばかりの毎日を送るのではなく、自ら積極的に楽しいことや興味あることに触れて幸福感を味わって過ごすことが大切です。**趣味で心が満たされることで、仕事にも活力が出るようになり、人間関係がうまくいき、人生全体が好循環になります。思う存分打ち込める趣味を大切にしましょう。

POINT **夢中になれる趣味の時間を大切にすることで仕事もプライベートもうまくいく**

75

身だしなみは常に整えておく

人は初対面の相手を「見た目」で判断する傾向があります。**第一印象は3〜5秒で決まる**と言われており、メラビアンの法則によると、人とのコミュニケーションにおいて、相手に与える印象の要素は「話す内容：7%」「声のトーン：38%」「ボディランゲージ：55%」と分類されます。つまり、**見た目と呼ばれる部分で相手に与える印象が大きく決まってしまいます。そして、その第一印象は「半年間変わらない」ということが、トルコのビルケント大学の研究によって報告されているのです。**

したがって、清潔感や上品さがある身だしなみは相手に信頼心や尊敬感を与え、好印象を与えやすく、より良質なコミュニケーションをとることができます。すると、自然と自分に自信がつくようになり、**仕事や人間関係もうまくいきやすくなる**のです。特にビジネスシーンにおいては重要視されるため、TPO（時間・場所・場合）に合わせて髪型やメイク、服装や靴などに気を配るようにしましょう。

身だしなみを整えることは、社会人として最低限のマナーです。相手への敬意や配慮の表れなので、「自分さえ良ければそれでいい」という考えは捨てましょう。

特に意識すべき場面は、「初対面の相手と挨拶する場」「テレワークでオンライン会議する場」「会食の場」「結婚式の場」「葬式の場」「商談の場」「就職活動や面接の場」です。これらの場所では、身だしなみをしっかりと整え、相手に清潔感やいい印象を与えることが「マナー」です。相手や周囲に不快感を与えないように注意しましょう。**また、何もない日でも朝から身だしなみを整えておくことで、ポジティブな気持ちになり、自己肯定感が上がり、より充実した一日を送ることができます。**朝鏡に映った自分に向かって「今日も素敵だね」「私の笑顔って最高！」と褒めてみてください。それだけでも自己肯定感が上がりやすく、一日をご機嫌に過ごすことができます。

このように、身だしなみを整えることは「自分の人生を整える」とも言えるでしょう。あなた自身が他人にどんな印象を与え、どんな評価を受け、どんなチャンスを舞い込ませることができるかは「身だしなみ」にあります。見た目を磨くことで、周りから好感を持たれやすく、人との縁やチャンスが舞い込みやすくなるのです。

POINT

身だしなみを整えることで、自己肯定感が上がり、人生が整う

76 1日30分の運動で健康的に過ごす

リモートワークやデスクワークがメインの働き方の人ほど「運動不足」に陥りがちなので要注意です。運動不足は、1日30分以上の運動が週2回に満たない人と厚生労働省により定義されています。**この運動不足が続くと、筋肉量が減り、基礎代謝が低下することで肥満や生活習慣病のリスクが高まり、心筋梗塞や脳卒中、がんなどの命に関わる病気リスクが上がります。**ストレス解消の機会も減るため、心が不安定になりやすく、気分の落ち込みや不安感を引き起こしやすくなることから、うつ病の原因にもなるとされています。

コペンハーゲン大学の研究によると、毎日30分の有酸素運動を続けるだけで、3ヶ月間で平均3・6kgの体重減少と約4kgの体脂肪減少が見られました。さらに、高血圧や糖尿病などの生活習慣病の予防や改善効果、認知機能の低下防止も期待できます。また、運動をすることで幸せホルモンの一つ「セロトニン」が分泌され、前向きな気持ちになれたりと、精神が安定しやすくなるため、気分が落ち込んだり、イライラしていたり、何かつらいことがあった時は、運動してリフレッシュすることも非常にオススメです。

また、睡眠の質を高める効果もあるため、翌日以降の仕事のパフォーマンスアップにもつながります。ただし、運動しすぎたり、就寝直前に運動したりすると、かえって心拍数や交感神経が活発になり眠りにくくなるため、運動をする際には、自分に合った強度や時間を選び、**就寝前3時間以上の間隔を空ける**ようにしましょう。

運動に無理なく取り組むには、前述したように「If - thenプランニング」を取り入れてもいいですし、あらかじめスケジュールに入れ込んでおくと継続しやすくなります。運動へのモチベーションを下げないためにも、自分の成果や目標に向かっていることを確認できるようにしておくといいでしょう。

また、日常の中に小さな運動を取り入れ、運動へのハードルを下げることも効果的です。たとえば、ひと駅分歩く、エスカレーターではなく階段を使う、近くのスーパーへ歩いて買い物に行く、電車の座席が空いていてもあえて座らない等、このような日々の意識が運動することを自然に習慣づけ、自己肯定感をも高めてくれます。

まずは無理なく、1日5分程度から少しずつ始めてみてください。

POINT

身体が資本。運動習慣が心身の健康を守る鍵

77

ポジティブリフレーミングを口癖にする

自己肯定感が低い人ほど「自分は何をやってもダメな人間なんだ」といったようにネガティブに考えてしまいがちです。そういうネガティブ思考の癖がある人にこそ、この「ポジティブリフレーミング」がオススメです。

リフレーミングとは、**物事を捉える視点を変えて、別の感じ方を持たせること**です。このリフレーミングを活用することで、モチベーションを上げたり、自信が持てるようになったり、苦手意識を克服したり、人間関係を改善したりすることができます。

たとえば、**「疲れた」→「よく頑張った」、「人生ドン底だ」→「後は上がっていくしかない」、「難しい」→「やりがいがある」、「もうダメだ」→「まだやられることはある」**などのように、**言葉をポジティブに変換してしまうことで、自然とプラス思考に切り替わり、自己肯定感が上がり、より幸福感に溢れた人生を明るく前向きに歩むことができます。**「休みはあと1日で終わりか……」と考えるよりも「休みがまだ1日もある！」と考える方が人生得するのは明らかですよね。

『言葉遣いは無料でできるオシャレ』。これはお笑い芸人のカズレーザー氏の言葉です。まさに言葉一つで、相手が受け取る印象や感情は180度変わるものです。言葉遣いはその人の教養や品格、思いやりや気配りなどを表します。したがって、丁寧で美しい言葉遣いは、相手に好感を持たせたり、信頼を得やすいといった効果があります。

言葉は自分の服装や髪型などの外見と同じくらい自分のイメージを作る要素なのです。言葉遣いを改善することで、より自分自身としての魅力を高めることができ、周囲との人間関係も良好になることが期待できるのです。

リフレーミングのコツは、「もし○○さんだったら?」と想像してみること。ポジティブな人を頭に浮かべ、その人の立場に立って物事を考えてみることで、思考や感情をうまくコントロールすることができます。私の場合はよく松岡修造氏やROLAND氏を頭に浮かべ、ポジティブに切り替えています。このように、ネガティブな言葉が浮かんだ時にこそ、ポジティブな言葉に変換してみてください。自分の欠点だと感じていたことも、少し捉え方を変えてみれば「強み」に変わるものです。

POINT

言葉をポジティブ変換する癖をつけることで、人生は好転する

78

朝起きたら「良いこと」だけを考える

不思議な話ですが、朝起きた時に「今日は絶対楽しい一日になる」と考えると本当に楽しくいい一日になります。その一方で「今日もつらいなぁ……」や「イヤな一日が始まる……」と考えると、本当に楽しくないネガティブな一日になるのです。

また、**朝にその日のストレスを予測するだけで、脳の認知機能が低下する**ことがペンシルベニア州立大学の研究で報告されています。「今日つらそうだなぁ」といったネガティブ予測は絶対にNG。**朝は無理やりにでもポジティブに思考することが大切です。**

朝からポジティブに考えるコツは、**乗り越えた先の楽しいことを考えること**です。「仕事終わりのビール」「週末のお出かけ」「夏のアクティビティ」「お風呂上がりのアイス」など、どんな些細なことでもいいので、自分に小さなご褒美を与えながら乗り越えていきましょう。これが毎日楽しくご機嫌に過ごすコツです。

たとえば、「今日頑張れば美味しいビールが待ってる」「1週間頑張れば楽しいイベントが待ってる」「来月にはボーナスが入るから温泉に行こう」などと考えたら、しんどい事があっ

ても、なんだかワクワクしてモチベーションが上がり、乗り越えられそうではないでしょうか？　私はいつもそのように考えて「楽しく」乗り越えるようにしています。

どうしても月曜日って憂鬱になりがちですよね。土日と休んでからの平日5日間がスタートするので、少し気分が沈みやすかったり、「あぁ仕事行きたくないな」と思うケースは誰にでもあります。そんな時は、その先に待つ楽しみにフォーカスして乗り越えるのです。すると、そこまで苦なく前向きに日々楽しんで乗り越えられます。

そして、寝るときには余計なことは一切考えず、「今日も楽しい一日だったな」「明日も最高の一日になる」と考えてみてください。**睡眠の質が高まり、ぐっすり眠ることができ、翌朝スッキリと目覚めることができる**はずです。そして、「今日も最高の一日になる！」と唱えて朝からポジティブな気分でその日を楽しく過ごすようにしましょう。

このように、捉え方や発する言葉を少し変えるだけで幸福感の高い日々を過ごすことができます。貴重な人生の時間を「つまらない」で埋めず、「楽しい」で溢れる毎日に変えていきましょう。

POINT
朝イチのポジティブ予測習慣こそが、幸福度を高め毎日を充実させるコツ

第5章

驚異の新人の「メンタル安定術」

79

自分に正直に生きる

自分の気持ちに正直に生きることで、自分の気持ちや価値観を大切に、自分らしく人生を歩んでいくことができます。

この気持ちを優先してあげることで、ストレスや不満が減り、幸せを感じやすくなったり、自分の責任感や信頼性が高まったり、失敗しても他人や環境のせいにせず、成長するチャンスに変えていくことができます。

そして、何より大切なことは「自分らしく生きられる」ということ。自分の好きなことや得意なことを見つけ、それを活かし自分の個性や魅力を輝かせることができるのです。人生を豊かにするために必須のマインドだと思っています。

社会にはいろんな人がいます。価値観は人の数だけあるので、「この人、なんか合わないな」と直感的に感じることも少なくないはずです。

自分とは価値観がズレている人と一緒にいると「違和感」を抱いたり、気に障ることがあるかと思います。この状態で無理して付き合い続けると、どんどん心が疲弊していってしまうので、**自分の心に嘘をつかないこと**が大切です。

「少しズレてるな」と感じたらためらわずに距離を置いてしまいましょう。これが心の健康を守るコツだと思います。

他人にどう思われるかを気にして行動するような人生は、「他人の人生」を生きているようなものです。せっかくの人生を他人中心で埋めてしまうのは本当にもったいないですからね。

他人からの視線や声を気にするのはやめて、**自分の心の声を最優先**にしてあげてください。悔いのない人生を生きるためにもすごく大切なマインドだと思います。

また、人生を生きる考え方として、**「自分はどういうふうに生きたいのか」と考えるよりも「自分はこういう生き方だけはしたくない」と考えた方が、理想の生き方のヒントが見つかりやすいです。**次第に自分軸となるべきものが見えてきて、自分の本当にやりたかったことが残ります。

ありのままの自分を大切に、自分の好きなように、自分の気持ちに正直に後悔のない人生を生きていきましょう。

POINT

人生の主人公は自分自身。心の声を最優先にしよう

80 嫌いな人からは離れる

どの職場にも必ず一人はいるのが、嫌味を言ってきたり、とにかく理不尽なことを言ってくる厄介な先輩や上司です。自分の心をすり減らす存在なので、こういう人たちからは可能な限り距離を置くことがメンタル安定の鉄則なのですが、そう簡単に離れることができない状況下に置かれているケースも少なくはないかと思います。

業務上、どうしても関わらざるを得ない場合は、「必要最小限に関わる」を意識しましょう。無理に関わり続ける必要は一切ありません。

私も理不尽な先輩と業務上どうしても関わらなければいけない環境でしたが、とにかく「極力関わらない」を意識してやり過ごしていました。まさに、「できるだけ顔を合わせないようにする」という感じです。

うまく同じタイミングでオフィスにいないようにしたり、綺麗にすれ違うように時間を計算して行動したり……。**顔を見なければ「いないのと同じ」**ですからね。

そして、大切なことは**自分と気の合う人と極力一緒にいること**です。居場所がないと息詰まってしまうので、そういう人を一人でもいいので見つけておきましょう。私はこの意識のおかげで、必要以上にメンタルをすり減らされずに楽しく仕事を続けることができました。

もし職場に気軽に話せる人がいなかったらと思うとゾッとします。たとえ職場にいなくても、身近に相談できる人が一人でもいれば大丈夫です。その居場所は心の拠り所になるので大切にしてください。

「あぁ、この人とは合わないな」と感じたらその直感は99％正しいので近づかない方が身のためです。

相手を変えようとすることは不可能に近いので、「自分を変えてしまう」方が早いです。周囲の人が何を言おうと、その人自身が変わろうとしない限り変わることはありません。こちら側の課題ではないので、一切考えないようにしましょう。

嫌いな人に注目して生きるほどあなたの人生は暇ではありません。**「相手にしない」「その人について考えない」「相手との距離をとる」**の3つの意識で心軽やかに過ごしていきましょう。

POINT

嫌いな人とうまくやる努力よりも、好きな人を大切にする努力に時間を使おう

81

すべての人に好かれようとしない

皆から好かれようとして生きることを「八方美人」と言いますが、とにかく疲れる生き方なので一刻も早く卒業した方がいいです。

「嫌われてもいい」「バカにされてもいい」「笑われてもいい」と割り切ることができると、人生はどんどん楽しくラクに生きられるようになっていきます。**「自分がどう思われるか」について考える時間をいかに減らしていくことができるかが、心軽やかに自分らしく生きていくためのコツだと思います。**

時間は大切な人を大切にするために使うべきです。どうでもいいような人のために費やす時間や労力がもったいないです。

私の好きな名言に次のような言葉があります。**『僕を好きじゃない誰かのことで、クヨクヨする時間はないんだ。僕は、僕を大好きでいてくれる人を大好きでいるのに忙しすぎるから』**

こちらは人気キャラクター「スヌーピー」の名言なのですが、まさにこの言葉通りで、自分のことを大切にしてくれない人と丁寧に付き合う必要なんて1ミリも無いと思っています。

人と接する際は、「広く浅く」ではなく「狭く深く」を意識していきましょう。これが人間関係に悩まないコツであり、メンタル安定につながる大切な考え方だと私は思います。

人間関係には「262の法則」というものがあります。世界中の2割の人は、自分がどんな行動をとったとしても自分のことを嫌いになる。6割の人は、自分の行動によって好き嫌いが分かれる。残りの2割の人は、自分がどんな失敗をしても自分のことを好きでいてくれる、といった人間関係をあらわした法則です。

この考え方を頭に入れておくと、自分がどれだけ頑張ったとしても2割には嫌われるので、**「今自分の周りにいる人は、何をやっても合わない2割の人なんだな」**と気持ちを軽くすることができます。また、どんなにつらい時でも、**「世の中には自分が何をやっても好きでいてくれる2割の人がいるんだ」**と心の安定剤になるはずです。人間関係でつい悩みそうになった時はこの法則を思い出してみてください。

「好かれようとしない」だけで本当に生きやすくなりますから、自分に合う人との時間を大切にしていきましょう。

POINT

全員に好かれるなんて不可能。ありのままの自分を大切にしよう

82

何事も考えすぎないようにする

非常にシンプルですが、**あれやこれやと「考えすぎない」こと**です。考えすぎてしまうことで、大事な場面で決断ができなかったり、悩みすぎて行動に移せなかったり、心配や不安が倍増しストレスを溜め込んでしまったり、ネガティブな考えばかりが浮かび自己肯定感が下がったり、悩むことに多くの時間を費やしてしまったりなど、負のスパイラルに陥りがちなのです。**その結果、私たちはネガティブな感情を引きずってしまったり、些細なことが気になって頭から離れず気分が沈んだり、考え事で眠れなかったりと、とにかく心が疲弊してしまいます。**考えすぎてしまう人の特徴は、主に次の3つの現象に陥りがちです。

- 起こっていないことを想像して未来に不安になる
- 答えが出ない同じ考えがぐるぐるとループし続ける
- 物事を悪い方向に考えてしまい落ち込む

何かについてくよくよ思い悩んでしまうと、考えがぐるぐると頭の中でループすることになるため、**一度頭の中に浮かんだ考えを書き出して「視覚化」してみましょう。**

どうしても考え事の沼から抜け出せない。そんな時は、「自分の尊敬している人ならどのように行動するだろう」と俯瞰的に考えてみることです。その人物になりきって考えてみると、意外と物事がスムーズに進んだりするので非常にオススメの方法です。

考えすぎを防ぐために、面白い本を読んだり、外出して気晴らしをしたり、趣味に没頭してみることも大切です。好きなものに夢中になることで次第に心にも余裕が生まれ、広い視野を持つことができ、ストレスを解消していくことができます。

また、自分が成し遂げたい夢に向けての**「目標設定」**をすることも大切です。自分が「何をしているのか」「何を成し遂げたいか」自分自身と向き合いながら、自分が実現したいことを考えるようにしましょう。

考え込んだところで、悩みの種が膨らんでいくだけです。考え込むのではなく**「浮かんだことを書き出してみる」「まずは行動してみる」**を心がけるようにしてみてください。

POINT

考えすぎると、かえって大きなストレスに。物事を客観的に考えるクセをつけ、いち早く行動に移すこと

83

自分にも周りにも期待しすぎない

過度な期待はかえって自分を苦しめることにつながります。わかりやすく言えば、「**自分の首を自分で絞めている**」かのような状態です。自分自身をそんな苦しい状態にはしたくないですよね。

なぜ自分に期待しすぎてはいけないのか？　それは、**実際にうまくいかなかったときに「理想と現実とのギャップ」に大きなストレスを感じ、自信を失ってしまって自己嫌悪に陥ってしまうからです。**理想通りの結果を出そうと、あれこれと考えてしまうので結果的に行動に移すまでに時間がかかってしまうなど、生産性も落ちることになります。

「できなかったこと」に目を向けると、ついネガティブな気持ちになってしまうので、**小さな「できた」に目を向け、自分自身を褒めてあげることが大切です。この積み重ねをすることで自己肯定感が高まり、より自分を成長させていくことができます。**

その一方で、他人に期待しすぎると、自分の思い通りにならなかったとき、どうしても不満やイライラとして蓄積されてしまいます。そのイライラを相手にぶつけると、人間関係も悪化していくことになります。勝手に期待して勝手にイライラして、人間関係まで壊してしまう。本当に誰の得にもなりませんよね。女優の芦田愛菜氏が人間関係について次のような名言を残しています。『〝その人のことを信じようと思います〟という言葉って結構使うと思うんですけど、それってその人自身を信じてるのではなくて、自分が理想とするその人の人物像に期待してしまっている。だからこそ人は「裏切られた」とか「期待していたのに」と言うけど、その人が裏切ったわけではなく、その人の見えなかった部分が見えただけだと思います』まさにこの言葉通りだと思います。**他人は変えられないという事実を受け入れ、その人の良いところに目を向けること、そして「期待すること」と「要求すること」の違いを理解しておくことが大切です。人に期待しすぎず、ドライなくらいがちょうどいいのです。**

もし自分のことを大切に思ってくれていない人から期待されたとしても、100％応える必要はありません。上司や先輩の「がっかりしたよ」という言葉は「自分の思い通りにならなくて残念」という意味なので無視でOKです。自分がどうありたいかを最優先にしましょう。**自分にも他人にも期待しすぎない。**これが心軽やかに生きるコツです。

POINT
自分にも他人にも「ドライ」なくらいがちょうどいい

84 上司からのキツい言葉に悩まないコツ

会社は選べても「上司」だけは選ぶことができません。企業説明会など多くの人の前ではいい顔していたはずの人が、いざその会社に入ってみると多くの人から避けられている問題上司なんてことも……。今の時代はモラハラやパワハラなどに敏感ではありますが、それでもなお、平気で人が傷つくような言葉を投げかけてきたりする上司はいますし、**そう簡単には無くならないのが現実です。**もしそんな状態であるにもかかわらず、周りに相談もせず一人で抱え込んでしまうと、**心の状態はどんどん悪化していき、最悪「うつ」などの症状を引き起こしてしまう可能性もあります。**「教育」や「指導」と言いながら、言われている側の心が傷ついているのならそれは「指導」ではなく「ハラスメント」に該当するのです。

本当にいい上司かどうかを見極めるには、次の3つのポイントを確認してみてください。

「部下の言い分に耳を傾けてくれるか」「積極的に声をかけてくれるか」「曖昧な指示を出さないか」です。代表的なNG上司というのは、「なんでできないの？」と叱りつけてきたり、それに対して何かを言おうとすると「言い訳するな」と発言を遮断したり、「もっと質を高めろ」「積極的に発言しろ」と一方的にアドバイスを与えてきたりするパターンです。

そんな上司や先輩の存在によって心をすり減らしてしまったり、その人について考える時間が増えたりしていては、人生の貴重な時間がもったいないので、キツい言葉も気にせず心穏やかにやり過ごすコツは、**「捉え方を変えてしまうこと」**です。

もし「使えねぇな」と言われたら、「使い切れてねぇな」と考えて心の中で笑ってやりましょう。部下をうまく使えていないのは上司の責任なわけですから、自分で自分のことを「デキない上司だな」と言っているのと同じです。

また、「期待していたのにがっかりだよ」と言われた場合、**その言葉は「思い通りにならなくて残念」という意味なので完全無視でOKです。**先述の項でもお話ししたように、勝手に期待されて勝手にイライラされてもこちら側の課題ではないのです。

もし本当に限界を感じたら「逃げる」のも一つの手です。決して「逃げ」は悪いことでも恥ずかしいことでもありません。**危険な状況下であれば「逃げるが勝ち」です。**すぐさま環境を変えましょう。心を守ることを最優先にしてくださいね。

POINT

上司や先輩にキツい言い方をされた時は、捉え方を都合よく変えてしまえばラクになる

85

苦手な人は「面白がる目」で見る

『苦手な人がいたら嫌だなって思うより、面白がる目で見ると嫌な所が面白くなる』。人気司会者タモリ氏の言葉です。私はこの言葉を知り実践するようになってから、今まで以上にメンタルが安定するようになり、本当に生きやすくなりました。

苦手な人のことを「この人嫌だなぁ」と思い続けると、自分のメンタルをどんどんすり減らしてしまい、ネガティブ思考の沼にハマり、なかなか抜け出せなくなるため、**嫌な人がいたとしても「この人面白いな」という目線で面白がって見ると、「嫌な人」ではなく「変な面白い人」という風に頭の中が理解するので、案外接しやすくなり、心もラクになるものです。**

その人と少し距離を置いて観察するような感覚でOKです。「動物を温かい眼差しで見る動物園の園長」「珍しい生き物を初めて見たとき」のような目線で眺めてやりましょう。真正面から見ると嫌だと感じますが、**「観察者」になれば面白がる目線で見ることができるようになります。**コンビニのレジで怒鳴っているおじさん、混んだ電車の車内でも足を組んで2人分の席を占有しているサラリーマン、列に並ばずに横から割り込むおばさんなど、「**あ**

りえない」という人ほど面白く遠目で眺めてやりましょう。

勝手に妄想を膨らませて憐れむこともオススメです。**「長年付き合っている恋人が浮気していることが発覚し、メンタルが不安定なんだろうな」、「トイレ我慢してイライラしてるのかな」、「きっとお腹空いてるんだろうな」といったように、都合よく捉えてしまいましょう。少しずつ面白おかしく感じてくるはずです。**その方が「この人嫌だな」「ムカつくな」と考えるよりも断然いいです。

残念なことに、相手を無理やり変えることはできません。コントロールできないものであると割り切り、自分を変えることに意識を向けましょう。自分の捉え方次第で世の中は本当に生きやすくなります。

このように少し視点を変えて見ることで、視野が広くなり、心にも余裕が生まれるようになります。今見ている世界というのは、必ず自分の主観が入っているもの。**主観さえ変えてしまえば、見える世界は変わるのです。**他人の不機嫌や不快な言動に左右されないよう「都合よく捉えて受け流す」という考え方を癖づけていきましょう。

POINT

苦手な人を嫌だと考えず、「観察者」のように面白く捉えてみよう

86 オン・オフをしっかり切り替える

実は仕事とプライベートの「オン・オフの切り替え」が苦手な人は非常に多いです。たとえば、次のような状況を想像してみてください。

「仕事が終わっても仕事のことを考えてしまう……」

「せっかくの休みなのに仕事のことを考えてしまう……」

「お昼ご飯を食べながら仕事を片付ける……」

このような仕事に振り回される人生はやがて必ず限界が来ます。一度きりの貴重な人生、常に仕事のことを考えながら過ごすなんてイヤですよね。仕事に没頭しすぎると、プライベートの時間も減ってしまい、**疲れやストレスがどんどん蓄積されていく……といった負の連鎖にもつながります。**

ところが、オン・オフをうまく切り替えることができると、しっかりと仕事時間に集中することができ、プライベート時間を楽しむゆとりが生まれます。ストレスも溜め込まないようになるので、心のゆとりも生まれやすくなるのです。

仕事時間に集中して取り組むことで、効率よく作業を終わらせることができ、周りとのコミュニケーションも円滑に進めることができ、良好な人間関係を築きやすくなります。仕事とプライベートの時間をハッキリと区別できるので、**心と体の健康管理がしやすくなります。**仕事に集中した後は、プライベートの時間として切り替えて休むことができるため、プライベートの時間を充実させるなど、**ストレスを溜め込まない習慣をつくることができます。**

オン・オフをうまく切り替え、ワークライフバランスを整える働き方を生み出すための方法は次の通りです。

● 一日の目標を立てる

仕事時間に集中するためには、その日一日に取り組む作業内容を決めて、メモに書き出すこと。書き出すことで時間を「見える化」することができ、時間効率アップにつながります。仕事を区切ることで仕事への集中力を高めることができます。

● こまめに休憩をとる

やはり仕事のオン・オフを切り替えるのがうまい人は、皆例外なくこまめに休憩時間を取り入れています。昼休み休憩においても、**合間に仕事するのではなく、しっかりと休むことが大切です。**生産性を落とさないためにもうまく休憩を取り入れ、効率よく仕事を片付けていきましょう。

●プライベートの時間を大切にする

趣味の時間を楽しみ、リラックスすることが大切です。好きなことに熱中できると、仕事の疲れを忘れることができ、ストレス解消効果が大きくなります。ひとりで楽しめる趣味から、友達や仲間、恋人と楽しめる趣味など、**有意義な時間を過ごすこと**を大切にしましょう。

仕事とプライベート、人生はバランスが大切です。生きるために働くはずが働くために生きる状態になってしまっていては、本末転倒ですからね。

話題になったブロニー・ウェア氏の著書『死ぬ瞬間の5つの後悔』では、次の5つの後悔を口にする人が多いとされています。

「自分に正直な人生を生きればよかった」

「働きすぎなければよかった」

「思い切って自分の気持ちを伝えればよかった」
「友人と連絡をとり続ければよかった」
「幸せをあきらめなければよかった」

毎日プライベートを削ってまで仕事に追われている人がその生活を続ければ、人生の最後にどう思うか想像することも容易かと思います。**プライベートが充実してこその「いい人生」**ではないでしょうか。

大切なのは、「メリハリ」をつけることです。やる時はやる。休む時は休む。物事を無理なく続けていくためにもこれは鉄則だと言えます。まさに、この意識こそが心とカラダの健康を安定させ、人間関係も良好にし、仕事にも楽しく取り組むことができるコツなのです。

「仕事だけの人生」にならないよう無理をせず、少しずつオフの時間を増やし、バランスのいいゆとりのある生活を目指していきましょう。そうすることで毎日が充実したものになり、**「人生を100%楽しめる人」**になれるはずです。

POINT
仕事であなたの代わりはいるが、プライベートであなたの代わりになる人はいない

87

メンタルを最強にする〝まぁいっか〟の法則

メンタルが少し弱ったなと感じたときに、今回お伝えする法則を思い出すと心軽やかに過ごすことができるに違いありません。

ま：真面目になりすぎない↓真面目に堅くなりすぎるほど、心は折れやすくなってしまう

あ：ありのままの自分を受け入れる↓背伸びするより等身大。自分を偽ってうまくやってもその後苦しいだけ

い：生きていればなんとでもなる↓こう捉えるだけで、ムダな不安を手放せる

つ：積み重ねてきたものだけ信じる↓曖昧なものに期待すると不安になる。信じて期待するのは「積み重ね」だけでいい

か：考えすぎない↓人は5秒以上考えると「やらない理由」を探す

「まぁいっか」は心を軽くしてくれる魔法の言葉です。仕事を完璧に仕上げたかったけど

まぁいっか。このあたりでまぁいっか。持ち物を忘れたけどまぁいっか。物事は捉え方次第で本当にラクになります。つい完璧主義になってしまいがちでも、この言葉を口にしてみるだけで気持ちが一転します。

私はかつて完璧主義で、何もかもキチッと自分の中で完璧にやらないといけないと考える性格でしたし、キツい言葉を真に受けたり、過去のマイナスな出来事を長い間自分の中にモヤモヤと抱え込んでしまったりと、今では考えられないくらいネガティブ人間でした。

ところが、「まぁいっか」という言葉の魅力に気づき、口癖にしてみたところ、**いい意味で「気にしない」人間になり、ネガティブをうまく受け流し常に心の余裕を確保することができるようになりました。心の余裕は自分次第で生み出すことができるのです。**

ただし、本当に相手に伝えるべき物事は「まぁいっか」と受け流し放置したり、自分の中の感情を押し殺すのではなく、**しっかりと相手に伝えること**が大切ですからね。

この口癖をうまく活用して心穏やかにストレスをうまく受け流して生きていくことを心がけていきましょう。

POINT

「まぁいっか」はストレスをうまく手放すことのできる魔法の言葉

88 心の中で「ひろゆき氏」になりきってみる

あの匿名掲示板「2ちゃんねる」の創設者としても、実業家としても広く認知されているひろゆき（西村博之）氏を知っていますか？

持ち前の豊富な知識とトーク術を武器に、痛快に相手を論破したり、受けた質問に対して深く納得できる正論を返す論破王としても広く知られており、一度はSNSのショート動画やテレビでも見かけたことがあるのではないでしょうか。

どんな相手にも物怖じせずにズバッともの申したりと、ひろゆき氏ってメンタルが本当に強いんですよね。一般人とは少し違う角度から物事を見ているので、この人から何かを吸収できないかと考えた時に真っ先に思いついたことが「**モノマネするかのようになりきってみること**」です。

他人に悪口を言われたり、批判されたりした時は「それ、あなたの感想ですよね？」とひろゆき氏のように心の中で唱えてみてください。何かネガティブなことを言われたとしても、それはその人の主観でしかなく、こちら側が深く気にする必要などないのです。

むしろ心の中で逆マウント取ってやるくらいの気持ちでいると、思っている以上にラクに生きられます。これだけでもすごく心が軽くなるはずです。

また、**「嘘つくのやめてもらっていいですか?」**も効果的です。ありもしないことやどうでもいいことをグチグチと言ってくる人も世の中にはいます。そんな人たちを相手にする時間やエネルギーがムダなので、心の中でこの言葉を唱えて受け流してやりましょう。

メンタル安定のコツはとにかく「真に受けない」こと。自分の中の捉え方を都合よく変えてしまい、うまく受け流すことができれば心をすり減らされることなく、心穏やかに生きていくことができます。

幸せになるためにはプラス部分を増やすよりも、**「マイナス部分」をどれだけ減らせるか**が大切です。マイナスな言葉は自分の中でうまく捉え方をプラスに変えてしまうことです。

ただし、ムダな争いを避けるためにも相手に直接伝えないようにしましょう。これを直接相手にぶつけてしまい、かえって面倒なことになってしまうと、余計なストレスを増やすことにつながってしまうので、唱えるのは心の中に留めておきましょう。

POINT

心の中でひろゆき氏のように逆マウントをとると、うまく受け流せるためメンタルが安定する

89

攻撃的な言葉を投げかけてくる人は「日本語覚えたて」

攻撃的な言葉を浴びると、どうしても人は心に傷を負ってしまったり、イライラの感情につながったりとネガティブな方向に行ってしまいがちです。そもそもそんな合わない人とはバッサリと縁を切り関わらないことが一番なのですが、実際さまざまな事情があることから、そう簡単にいくものでもありません。そんな時はどのように乗り越えればいいのか、私なりの受け流しテクニックをお伝えします。

私もかつては、先輩から非常に攻撃的な言葉を投げかけられていました。世の中には「何でそんな言い方するの?」って思うような心無い言葉を投げかけてくる人がたまにいます。ただし、そういう言葉を真に受けてしまうと人の心はどんどん削られてしまうので、**「あぁこの人は日本語覚えたてなんだなぁ」って受け流すだけでほとんどダメージなく冷静に受け取れるので、これは私なりに最強の対処法だと思っています。**「日本語覚えたて」だと思えば、語彙力が乏しく表現力が未熟なので、子どもを見ているかのように少し可愛らしく見えてきて**「仕方ないな」と許せてしまう**というわけです。

つい「自分はダメな人間だ……」と思い込んでしまいがちですが、決してそうではありません。**その人の価値観という狭い世界の中でのたった一つの評価でしかないので、気にしなくてOKです。**攻撃的な言葉に反応してしまうと、さらに攻撃を強めてくる傾向があるので、冷静に受け流すことで、相手の攻撃性を和らげることができます。

基本的に攻撃的な態度をとる人というのは、自分に自信がなく、自分の立場やプライドを守るためにそのような態度をとることが多いです。まさに自信の無さの裏返しなので、「自信無いんだなこの人」と心の中で哀れみながら笑ってやりましょう。

『何度も何度も傷つけられたら、相手を紙やすりだと思えばいい。多少、擦り傷は受けれど、自分はピカピカになり、相手は使い物にならなくなる』これはアメリカの俳優・作家クリス・コルファー氏の言葉なのですが、まさにこの言葉通り、傷つける側の人間はやがて自滅し、傷つけられた側は人として、より一層成長することができ、**人の痛みに寄り添える優しく強い人になれると思っています。**むしろ、「磨いてくれてありがとう」と感謝に切り替えることができれば、人より何倍も成長できます。考え方次第で心は軽くなるのです。

POINT
攻撃的な言葉を使う人は「日本語覚えたて」だと捉え、「仕方ないか」と受け流す

90 相手に好かれているかより「大切にされているか」

自分と相手が良好な関係を築けているか、深い仲になっているか、という判断基準としてよく勘違いしてしまいがちなのは「相手に好かれているか」で判断してしまうことです。この判断基準は決して間違っているというわけではありませんが、少しズレてしまっています。**もし相手から好かれていたとしても、「大切にされていない」のならばその関係を続けていくことに疑問を持った方がいいです。**

本当に相手から大切にされているのなら、日頃の言動から大切にされていることが伝わってくるもの。なんにもない日にプレゼントを買ってきてくれたり、毎日ハグしたり、相手のことを考えて行動するはずです。**相手目線に立って寄り添い続けることが「大切にする」ということではないかと思います。**

これは友人や職場の人間関係においても同じです。「大切にされていない」と感じたらその相手との関係について考え直した方がいいでしょう。上司や先輩となると、その判断は難しいかもしれませんが、明らかに人のことを「コマ」のようにしか扱っていないのならば、早めに距離を置いた方がいいです。無理したところで苦しみ続けるだけですし、いつか必ずガタが来ます。**大切なのは、あなたのストレスが限界になるのを防ぐことです。**

前述の通り、すべての人に好かれるのは不可能です。ただ、自分が何をやったとしても変わらず好きでいてくれる2割の人は必ず存在します。好かれようとせず、大切にしてくれる人を大切にする。そのように少しドライなくらいがちょうどいいです。

人から大切にされるためには、こちら側としても最低限のコミュニケーションは構築しておく必要があります。

たとえば、しっかりと相手の話を聞いたり、相手の気持ちを理解しようとしたり、感謝の気持ちを伝えたり、優しく接するなど、相手から大切にされたければ受け身になるだけではなく、自分からも大切にしているという姿勢を見せる必要があります。

人間関係に無理は禁物です。無理して友達をつくろうとしなくていい。嫌われてもいいから我慢しないこと。大切にしてくれないのであれば今すぐにでも離れて大丈夫。あなたの心身の健康を守るための鉄則です。ぜひ心に留めておいていただければと思います。

POINT
大切にされていないと感じたら、すぐに離れていい

91 人にイラッとした時の対処法

生きている以上、他人の行動に「イラッ」としてしまう事は必ずあります。その「イラッ」とした事をそのまま怒りというマイナス感情につなげるのか、それとも捉え方を変えて自分にとってプラスに切り替えるのかでは、後の人生に大きく差が生まれることは明らかです。

他人にイラッとしたときは、その間違いを直接相手に指摘するのではなく、「あっ、これが自分の強みなんだ」と捉えるとプラスに考えることができ、新たな発見にもなるので非常にオススメです。まさにイライラポイントを自分の強みの発見として捉える**最強のポジティブ変換術**だと思っています。

怒りに支配されていては本当にもったいないです。時間やエネルギーをどうでもいいことに使うほど人生は暇ではありません。すぐにでも切り替えてしまうことが大切です。感情をうまくコントロールする力はご機嫌な毎日を送りたいのであればマストです。

そのイラッとした感情のままに行動してしまうと「あの時何でこんなこと言ってしまったんだろう」と後悔することになります。人と人の争いの原因のほとんどがこれだと思っています。ストレスフリーな人生を送るためには、このように些細なことから募るイライラは早めに浄化してしまいましょう。怒りに支配されないためには、切り替えの早さがコツです。

お笑い芸人ずん飯尾氏の名言にこのような言葉があります。

『いつも怒らない人もイライラしていないわけではない。切り替えるスピードが異常に速い』

私自身も日頃から温厚な性格ですし、人に怒ることはまったくと言っていいほどありませんが、「怒り」というイライラする感情がないわけではありません。むしろイライラしない人なんていないと思います。怒りっぽい人との違いは何かというと**「切り替えの早さ」**なのです。

いつもイライラしているあの人は頭の中が「怒」という文字で埋め尽くされ、それによって貴重な時間や労力が奪われていることに気がついていないのです。それがその人にとっての人生なので、無理に干渉せず放っておきましょう。

イラッとした時はうまく切り替える。ましてやここでお伝えしたようにプラスに捉えてみる。このようにポジティブ転換できる癖がつくと人生は必ずうまくいくはずです。

POINT

人にイラッとした時は「怒る」のではなく、「自分の強み」だと前向きに捉えてすぐに切り替えよう

92

落ち込んだ時には「第一章 完」と唱える

人生において、落ち込む場面は必ず誰にでも訪れるもの。第一志望の企業面接に落ちたり、投資で大損したり、仕事で大きな失敗をしたり、何かしらの出来事が原因で頭の中にそのことしか浮かばず、深く考え込んでしまう日々が続くことも少なくないでしょう。でも落ち込んだことを長々と引きずっていても仕方ありません。もう終わったことなので早めに切り替えて前を向くことが大切です。

そんな時にこそ、オススメなのが「第一章完」と口にしてみること。どんな人生も山あり谷あり。たまたま今が「谷」だっただけのことです。

人生をひと括りにして「あぁツイてない……」「運の悪い人生だ……」と考えるのではなく、**人生を「章区切り」に捉えてしまえばいいのです。**そうすれば、今までの人生は「第一章」であり、これからの人生が「新たな章」の幕開けだと考えることができ、自然と気持ちを切り替えることができます。

大きく落ち込むことがある度に章を刻んでいけば、あなたの人生は何十章、何百章と、**豊**

富な経験を重ねることができたという証になります。経験する度に人はより大きく成長し、強くなることができます。豊富な経験があることを前向きに捉え、貴重な経験を人生の糧にしていきましょう。

この積み重ねが未来の自分をつくります。その経験は決してムダにはなりませんし、もう立ち直れないくらい落ち込むような経験にこそ、大きな価値があるのです。生きていて滅多に経験できることではありませんからね。

日頃から何事も前向きに捉える癖をつけることができると、心が満たされ、人生はさらに楽しく、より幸福感を抱きながら生きていくことができます。本当に「捉え方ひとつ」で人生は天と地の差だと思っています。**どう考えれば未来の自分にとってプラスになるのか、**を日々意識していきましょう。

このように意識的に人生に節目をつくると、どんな困難もハッピーエンドに向かう「ターニングポイント」だったと考えることができますし、すべての失敗に意味が生まれます。

POINT

落ち込むことも貴重な経験の一つ。前向きに捉え素早く切り替えよう

93

つらくなったら思い出す「あおいくま」

この「あおいくま」という言葉は、モノマネ芸人コロッケ氏のお母様の教えだそうです。

- あ→あせるな
- お→おこるな
- い→いばるな
- く→くさるな
- ま→まけるな

という意味で5つの心持ちを表す言葉なのです。これを日々口ずさんだり、胸に留めておくだけでも心軽やかに過ごすことができます。

そして、「まけるな」には「ライバルに負けるな」ではなく、「自分に負けるな」という想いが込められているのだそうです。コロッケ氏は「幼少期の頃、つらいことがある度にいつも母親がこの言葉を言い聞かせてくれていたおかげで前向きに頑張ることができた」とお話されていました。19歳で熊本から東京に上京し、いろんな場所でものまねを披露するも、芸能界入りのチャンスになかなか恵まれず、小さなアパートに住み質屋通いを続けるコロッケ氏を励ましたのが「あおいくま」の教えだったそうです。

うまくいかずにつらいときにこそ、焦らず、腐らず。人間関係で感情的になりそうなときにこそ、怒らず。自信が持てないときにこそ、自分を大きく見せようと威張らず、素直に謙虚に。心が折れそうなときこそ、負けるな、頑張れと励ますこと。

人生はうまくいくことばかりではありません。うまくいかないこともたくさんありますし、時には思っていた通りにいかずなかなか前に進めないことも。そんな時に、この言葉を自分に言い聞かせていけば、たとえ逆境に立たされたとしても、**自分を腐らせることなく前向きに生きていけるはずです。**

高く立ちはだかる壁に挫けそうな時にこそ、次の言葉も合わせて思い出してみてほしいです。

『壁というのは、できる人にしかやってこない。越えられる可能性がある人にしかやってこない。だから、壁がある時はチャンスだと思っている』

日米でプロ野球選手として大活躍したイチロー氏の言葉です。

そしてもう一つ、私がいつも勇気づけられている言葉が**『壁があったら殴って壊す。道が無ければこの手で作る』**というプロサッカー選手本田圭佑氏の背中を押してくれる素敵な名言です。

自分がダメになりそうな時ほど、「負けない」「諦めない」「逃げ出さない」「自分を信じ抜く」という心持ちが大事だと思います。

「ピンチはチャンス」です。逆境の時ほど大きな運を掴む前兆なので、自分を信じてやり抜いてみてください。乗り越えた先には必ず今までに見たこともないような新たな景色が広がっているはずです。その経験はより自分自身を大きく成長させ、人生にいい影響を与えてくれるでしょう。

このように大きな壁や逆境に立った時でも前向きに歩んでいくことが大切です。苦しい時でも成長を楽しむことができれば怖いものナシです。その積み重ねは決して無駄にはなりません。それでも本当につらい時は次のように考えてみてください。

「本当は『壁』などどこにもなくて、それを自分が勝手に超えられない『壁』だと思い込んでいるだけ」

壁だと思うから壁に見えてしまうわけで、諦めずに壁に向かっていけば**開くことのできる「扉」**がそこにあるかもしれません。**その扉の鍵は自分を強く信じて諦めずに立ち向かった人だけが手にできる。**そう思っています。

また、アメリカの思想家ラルフ・ウォルド・エマーソンの名言に「Every wall is a door.」という言葉があります。これは、「すべての壁は扉である」という意味を表す言葉で、行き詰まった時に自分自身を鼓舞してくれる心強い言葉だと思っています。

私もつらい時はこれらの言葉を思い出して壁に立ち向かうようにしています。**そこにあるのは絶対にこじ開けることのできる「扉」だと信じて、根気強く諦めの悪い人間になってやりましょう。このように諦めることなく、前に向かって立ち向かい続ける姿勢はいつか必ず自分の身に大きく実ると、そう信じています。**

このように、「あおいくま」と「壁は扉」という考え方を心に留め、自分に負けることなく、最高の人生を歩んでいきましょう。

POINT
人生はどんなピンチに立たされようと、自分に負けないことが大切

94 自分のためにも相手を「許す」

何らかの人間関係のトラブルで、相手に対して「許せない」と腹を立てた経験はありませんか？

友人が大切な約束に大遅刻してきて「許せない」、恋人が異性と隠れて遊んでいて「許せない」、コンビニのレジのお兄さんの接客態度が「許せない」……例を挙げだしたらキリがないと思いますが、一時的な感情から継続的な感情まで、人は「許せない」に支配されてしまいがちです。

しかし、この「許せない」という感情は知らず知らずのうちに自分自身を苦しめてしまう行為なのです。どうしても「許せない」に執着してしまう人は「**許す↓相手を受け入れること**」**だと思ってるから**です。

許すということは「自分が今感じてる怒りを手放す」ということなので、決して「相手を受け入れて仲良くしよう」ということではありません。自分自身を許してあげるということです。

怒りをうまく手放すことができると人生はうまくいきます。**「まぁいっかと気にしない」「そのことを考えている時間がもったいない」**と考えてさっさと切り替えましょう。**貴重な時間やエネルギーを怒りで消耗しないようにすることが大切です。**

『弱い者ほど相手を許すことができない。許すということは強さの証なのだ』これはインド独立の父と呼ばれているマハトマ・ガンジーの言葉です。この言葉のように「心の器の大きい人」こそ、本当に強い人だと思います。すぐに怒ったり、「許せない」に執着したり、過去の過ちを手放せずにいたり……このようなマイナス思考は心の弱さにつながり、自分自身を苦しめてしまうことにも。事の大きさにもよりますが、すぐに許すことはできないかもしれません。しかし、この考え方を身につけておくと、もっと自分の心を楽に解放してあげることができるのではないかと思います。

「相手のことが許せない」と執着してしまいそうになった時は、あくまでも相手を許すのではなく、**「自分のために自分自身を許してあげるのだ」**という事を思い出して、怒りに貴重な時間を奪われないよう心軽やかに過ごしていきましょう。

POINT

自分のために「許す」と人生はうまくいく

95 適度な無関心さを大切にする

人間関係で疲れる人によくありがちなのは、執着しすぎていたり、人に好かれようとしすぎていたり、相手に期待しすぎているということ。こうやって人と付き合っていると人間関係のストレスはどんどん溜まっていき、自分の心も疲弊してしまいます。

そうならないためにオススメなのが、「適度な無関心」です。「嫌われてもいいや」「バカにされてもいいや」「思い通りにならなくても仕方ないか」と割り切ることが心の安定につながります。「自分がどう思われているか」ということについて考える時間を減らすと、人生はどんどん楽しくラクになっていきます。

他人とは60％くらいの距離感で接すればＯＫです。近づきすぎても離れすぎてもしんどくなります。これだけでもだいぶラクになるものです。

特に普段から接する機会の多い人となると、無理して仲良くなろうとしてしまいがちですが、「仲良くなりたい」という気持ちが空回りして疲れてしまうこともあります。自分のペースをしっかり保ち、**ありのままの自分で「自然体」を意識していきましょう。**

他人の感情や行動はコントロールできないものです。その人の性格によって仕事のやり方が違うのは当たり前なので、自分の考え方ややり方を押し付けたりするのはタブーです。**干渉しすぎず、相手のやり方を尊重し、過度に期待しないという心持ちを大切**にしましょう。

他人はコントロールできないものだと割り切ると、相手に期待せず、無意識に人を変えようとしない精神になるのですごく生きやすくなります。考えれば考えるほどムダなので、そもそも考えないことが一番ですね。

したがって、人間関係でストレスを溜めないコツは、適度に「無関心」でいることです。無理をしてまで人のことを考える必要はありません。もちろん最初は難しいかもしれませんが、意識的に「気にしない」ようにすれば、うまくストレスと付き合っていけるはずです。ドライすぎると思われるかもしれませんが、自分の心を守るためにはそのくらいでちょうどいいのです。他人を優先して考える必要はないので、自分ファーストでOKです。

自分の中での考え方や捉え方を変えて、自分らしく生きられる、ご機嫌な日々で埋め尽くされた人生をデザインしていきましょう。

POINT

人間関係は程よく「無関心」なくらいがちょうどいい

96

うまく受け流すことが、心を守る「盾」になる

先述してきたことですが、心軽やかに人間関係や仕事を円満にやり抜くコツは**効果的な「受け流し方」を身につけること**です。

私は以前、他人から言われた一言を真に受けては落ち込んだり、少し自分にとってマイナスな出来事があるとすぐに落ち込んだりと心の不安定な生き方をしていました。20代前半の頃は、苦しい生き方を選んでいたなと、今思い返すと本当にそう思います。**ちょっとくらい嫌なことがあっても気にしない。聞き流す。受け流す。**初めのうちは簡単にできないものなので、自分に言い聞かせたりと、この心持ちでいることを強く意識することが大切です。

もしどうしても軽く流せない時は、「ま、私だってそういうこともあるよね」と自分を責めずに受け入れてあげること。少し落ち着いてから「気にしない気にしない」と水に流すことで本当にラクに過ごすことができます。

気にしても、気にしなくても、与えられている時間は全人類同じです。普段から「気になる」を増やそうとしないようにしましょう。頭の中で何かを気にしていると、必ず頭のどこ

かでそのことが残っていて不安になっているはずです。どんなに感動する映画を観ていても、美しい景色を目の前にしていても、大切な人とデートをしていても、気持ちは多少なりとも「気になること」に向いていてしまっているもの。考えそうになったら意地でも別のことを考えるようにしてみてください。人生は意外と短いものです。**どうでもいいことを気にしている時間がもったいないので、本当に大切なことだけを考えるようにしましょう。**気にしすぎて自分を縛りつけてしまうようなことは避けてください。

どうしても苦手な人や相性の悪い人を前にした時は、「**見ざる、聞かざる、言わざる**」の三猿対応が効果的です。**余計なものは見ない、聞かない、言わない。必要最低限のやりとり以外はこの三猿対応を徹底していくことで、自分と相手との間にうまく線引きすることができ、かなりラクになります。**カチンとくる言葉を言われても気にせず、相手にしないこと。そこで反応してしまうと相手と同じ土俵に立つことになります。

このように、気にせず受け流してしまうことが、平常心でストレスを溜めずにやり過ごすコツです。本当に自分にとって大切なことに時間を使うようにしましょう。

POINT
どうでもいいことは気にしない。考えない。軽く受け流す

97

人生は手放すほど良くなっていくもの

モノも人も手放すほど人生はうまくいくようになっています。手放さずにズルズルと持ち続けている方がラクだったりしますが、「荷物が多いほど身動きがとれなくなる」ので手放した方がいいのです。

結局、自分の大切な人や本当に大事なことに使う時間が無くなってしまうので、大事にしたいものはどんどん背負い続けるのではなく**「取捨選択」**することが大切です。似合わなくなった服やアクセサリー、話が合わなくなった友人、大切にしてくれなくなった恋人など、自分も相手も時間とともに変わっていくものなので、どんなに仲が良かったとしても、距離を感じるようになったりと、人間関係の行き違いは必ず発生するものです。

ただし、無理に軌道修正せず、**去るものは追わない精神**を大切にしましょう。執着すると自分自身が苦しくなるので、次のように考えてみてください。**「自分に合わない人は、本当に自分に合う人に席を譲るために、席を立ち去っていく」と。**すると自然の原理と捉えることができ、なんだか気持ちがラクになりませんか？　その自然の流れに無理に逆らおうとしなくていいのです。自分の元から去る人はこちら側がどうにかできる問題ではありません。去ったモノや人に執着するのではなく、新たなご縁に目を向けるようにしましょう。

新たなものを自分のもとに入れるためには、古いものを自分のもとから手放す必要があります。「ブランド品を売ったら、そのお金で自分にとってもっと価値あるモノが手に入った」「今の仕事を辞めたら、次は自分の好きな仕事ができるようになった」「彼女と別れたら、今の妻と出会えた」などのように、手放すと本当に新しい人やモノが舞い込んでくるのです。

初めは手放すことをためらってしまうかもしれませんが、まさに「ご縁は巡るもの」だと心得ておくことで、割り切って手放しやすくなります。**本当に縁があれば、人生のどこかのタイミングでまた出会うようになっていますからね。**

もちろん、手放した瞬間に新しいものが入ってくるわけではありませんが、不思議と手放したもの以上に自分の人生の質を上げてくれるものがいずれ入ってきます。不要なモノ、合わない人間関係、怒りの感情、許せない心、マイナス思考、過去への執着など……人生の荷物になるものはとっとと手放してしまいましょう。

POINT

手放すと新たなものを得ることができる。人生の荷物はためらわずに捨ててしまおう

98 自分の機嫌は自分でとる

人生で一番損をしているのは「いつも不機嫌な人」です。不機嫌な人は自分がイライラしていることを他人にアピールし、相手に罪悪感を抱かせて強制的に自分の方に向いてもらおうとします。**まさに無理やり他人をコントロールしようとする「無言の暴力」です。**

運のいい人、幸せそうな人はみんな常に上機嫌です。それは運がいいから上機嫌になるのではなく、上機嫌だから運が良くなるのです。そして、人生でラッキーな楽しい出来事が起こるのは必ず上機嫌の時なのです。不機嫌でいればいるほど、人生の楽しい出来事を逃し続けることになり、本当につまらない人生になってしまいます。

自分の機嫌を自分でとることは、大人として「最低限のマナー」だと思います。当たり前ですが、自分の機嫌とりを相手に委ねていいのは「子ども」までです。したがって、他人の機嫌をとる必要もありません。合わない人の機嫌までとる必要はないですし、合わない人からは逃げてもいい。

自分と合わない人というのは必ずいるものですし、全員に好かれるなど不可能です。**「こ**

の人とは合わないな」と感じたらその直感は99％正しいので逃げて大丈夫です。せっかくの貴重な時間を嫌な人で消耗する必要ありませんからね。割り切って速やかに離れてしまいましょう。

自分の機嫌をとるコツは、自分の好きなことに触れること。好きな本を読む。カラオケに行き全力で歌う。感動する映画を観る。遠くへ出かける。お風呂にゆっくり浸かる。ジムで筋トレをする。自分にプチご褒美をあげる。美味しいものを食べる。とにかく何も考えずたっぷり寝る。何でもいいのです。自分に合った「ストレス解消法」を知ることが大切です。

「心のバランス感覚」がいい人ほど、嫌なことがあっても楽しいことを見つけて翌日まで引きずらず、すぐに気分転換して自分の機嫌をうまくとります。このように自分の機嫌を自分でとることができる人は、メンタルが安定しやすいのです。

まずは自分自身を満たしてあげることが最優先です。すると、自分の周りなど他者にも優しさを向けることができるようになります。周りに依存せず、他人に左右されず、自分軸で楽しい人生を生きていきましょう。

POINT
自分の機嫌は自分でとることが、楽しい人生を生きる鍵

99

来世、ハエになると思って生きてみたら？

「来世、ハエになると思って生きてみたら？　そう思えば、今の人生そんなことで悩んでるのもったいなくない？　人の目が気になる？　皆の声なんて聞いてたらおかしくなる」

こちらはお笑いコンビ千鳥の大悟氏の名言です。私の中ですごく大切にしている言葉の一つなのですが、今悩みを抱えるすべての人に知っていただきたいと思っています。

「来世、自分は本当にハエになってしまう……」と考えたら、今考えているちっぽけな悩みごとだったり、周りの目を気にして生きる自分というのは、本当に情けなく、人生がもったいなく思えてきませんか？

ハエというのは、感情もなければ、言葉なんて一つも話せない。弱肉強食の世界で自分より強い動物に食べられたり、殺されてしまう常に死と隣り合わせの世界。寿命は約1ヶ月半。汚物や動物の死体などに群がる毎日。もちろん、今私たちが当たり前のようにできていることは一切できなくなるということです。

美味しい食べ物は食べられない、好きな音楽も聴けない、ゲームもできない、恋愛もできない、大きな夢を持つこともできません。どれだけ人間は恵まれていることでしょう。「ないものねだり」は不幸になる大きな要因の一つのため、絶対に避けましょう。人間の悩みなど本当にちっぽけなものです。1年後には今悩んでいることすら、思い出せないくらいキレイさっぱり忘れていることでしょう。

そんなに人生を難しく考えすぎず、歳を重ねたときに「あの時こうしておけばよかった」と悔いの残らないよう、一人の人間として生きていることに感謝し、今を大切に一日一日嚙み締めて生きることです。

完璧な人間でいようとするとどうしても生きづらくなります。人生を楽しむために大切なことは、ありのままの自分を受け入れ、愛してあげることです。外野の声を気にして生きるほどあなたは暇じゃないのです。自分の心の声を聞いて、自分の人生を歩むという意識を持つことを最優先にしましょう。

このように、この広い宇宙の中、地球という美しい星に「人間」として生まれたことに感謝し、幸せを嚙み締めて生きることが大切です。本当に生まれ変われるの？ とかそういう話はさておき、そのくらいの気持ちで「**悔いのないよう毎日を過ごすことが大切**」だということです。ハエになってしまったらできなくなることがたくさんあるように、**歳をとった**

り、病気になってしまったりしらできなくなることもたくさんあります。貴重な人生を無駄にすることなく、今を大切に自分らしく生きていきましょう。

POINT

今の悩みなんて本当にちっぽけなもの。周りばかり気にせず、自分の好きなように今を生きよう

おわりに　～100　人生においてとっても大切なのは、やりたいことをやること～

最後までお読みいただきありがとうございました。

入社前に知っておけばよかった……。社会人になる前に教えてほしかった……。なぜ学校では教えてくれないんだ……。私は20代前半頃から自己啓発の時間を増やし、自発的に学ぶようになってから、本当にこのようなことばかり感じていました。各プラットフォームで配信されているような有益情報は家庭や学校ではなかなか教えてくれません。

学校で学問の知識や集団行動を学ぶことはできても、社会人として働くために役立つスキルが学べているかといえば、それはNOでしょう。仕事術、対人関係、メンタルケア、習慣、考え方など、丁寧に教えてくれたりはしません。書籍を読んだり、セミナーに参加したりなど自己啓発が不可欠となります。自ら率先して学ぶ姿勢が大切なのです。

しかし、これらすべてが一冊で学べる書籍というのは、案外少ないということに気づきました。そして、長々と難しく書かれた書籍が多く、これだと「本当に本が好きな人」にしか読んでもらえないのではないかと感じました。特に10代や20代となると、小難しい本を読もうという気にはなかなかならないもの。そこで、「どんな人でも見やすくてわかりやすい人生の教科書」のような本をお届けすることができたらなという思いで今回制作させていただきました。

そして、本書の最後に100個目としてお伝えしたいことは**「人生においてとっても大切なのは、やりたいことをやる」**ということです。

当たり前のように思われるかもしれませんが、意外と実践できていない人が多いのが現実だと思っています。

つい周りの目を気にして消極的になってしまったり、自分の本当にやりたいことや夢に対しての現実的な部分を考えすぎてしまい一歩踏み出すことができなかったり、居心地がいいからと現状維持を選んでしまったり、毎日心を削られながらも一つの場所で必死に耐え続けたりと、実際そういう人の方が圧倒的に多いのです。

本当につらかったらその環境から逃げ出してもいい。他にも活躍できる場なんていくらでもありますからね。そして、一つの会社にずっと勤める終身雇用の時代はもうとっくに終わりを迎えています。自分の身は自分で守るしかないのです。そのためにも、一生食いっぱぐれないスキルを身につけることが必要不可欠となります。

令和の時代は、自己成長や夢を実現させるための手段として「転職」を活用し、ステップアップしていくことが夢に近づく鍵となります。

私は1社目で約3年勤めた頃から、「将来」についてより考えを深めるようになりました。「このままここで働き続けて本当にいいのだろうか……」と。

一度きりの人生、毎日同じことの繰り返しでただ通勤する毎日。仕事も任せられるようになったし、給料も悪くないしここでいいか、と働き続けるのは本当にもったいないです。

大切なのは「お金」でも「会社に貢献し続けること」でも「長年働くこと」でもありません。本当にやりたいことをやる。ただそれだけです。

私は入社3年目の時に、他にもたくさんいるベテラン社員を差し置き、改善チームという新設の精鋭部隊に入ることができました。その後更なる昇進のオファーがあり、年収アップの確約もありましたが、私はそれを断り、転職への道を決意しました。本当にやりたかったITエンジニアへの道です。

実際のところ、転職1年目の本業年収はガクッと下がりました。でも後悔はしていません。それが、自分の「本当にやりたかったこと」だったからです。

人生は何度でも軌道修正が可能だと思いますし、年齢に関係なく新たな挑戦を始めている人もたくさんいらっしゃいます。

アンパンマンをブレイクさせたやなせたかしさんは69歳。

ケンタッキーフライドチキンを起業したカーネル・サンダースは65歳。

やりたいことをやるのに年齢など関係ないということです。

歳をとったときに「もう若くはないからやめておこう」「今から挑戦しても遅いだろう」と自分に言い訳しないようにしてください。

「今日が人生で一番若い日」だと考え、「やりたいことをやる人生」を生き、人生をカラフルに彩っていきましょう。


本書では、著者のメソッドを惜しみなくお伝えさせていただきました。一人でも多くの方にこの本が届き、「人生の道しるべ」となれることを願っております。

この本の出版をサポートしてくださった方々、出版を応援してくださった方々、そして本書を手にとってくださった方に心より感謝を申し上げます。皆さまの人生が幸せで溢れますように。

2023年8月　びっとらべる

【参考文献】

●参考書籍

『ＡＮＡが大切にしている習慣』ＡＮＡビジネスソリューション・著　扶桑社

『ドクターハッシー流 すぐ元気ＭＡＸになれる61の科学的法則』橋本将吉・著　ＫＡＤＯＫＡＷＡ

『ブレインメンタル強化大全』樺沢紫苑・著　サンクチュアリ出版

『最高のリターンをもたらす超・睡眠術』西野精治、木田哲生・著　大和書房

『どうでもいいことで悩まない技術』柿木隆介・著　文響社

●参考論文

・人間関係のスタイルと幸福感：つきあいの数と質からの検討（https://www.jstage.jst.go.jp/article/jjesp/52/1/52_63/_pdf/-char/ja）

・The influence of position and context on facial attractiveness（https://www.sciencedirect.com/science/article/abs/pii/S0001691813002096?via%3Dihub）

・Implicit signals in small group settings and their impact on the expression of cognitive capacity and associated brain responses（https://www.ncbi.nlm.nih.gov/pmc/articles/PMC3260843/）

・How Much Sleep Do I Need?（https://www.cdc.gov/sleep/about_sleep/how_much_sleep.html）

・Sleep duration and risk of dementia: a systematic review and meta-analysis（https://pubmed.ncbi.

nlm.nih.gov/31604673/)
・Mortality associated with sleep duration and insomnia（https://pubmed.ncbi.nlm.nih.gov/11825133/)
・The effect of drinking water on cognitive performance in healthy adults: a systematic review and meta-analysis of randomized controlled trials（https://www.ncbi.nlm.nih.gov/pmc/articles/PMC7662706/)
・Reading can help reduce stress, according to University of Sussex research ¦ The Argus（https://www.telegraph.co.uk/news/health/news/5070874/Reading-can-help-reduce-stress.html)

●その他、参考サイト

・https://news.mynavi.jp/article/20200909-1257180/
・https://careercompass.doda-x.jp/article/75/
・https://wotopi.jp/archives/48295
・http://ronenbyo.or.jp/hospital/tiikiriha/rehacolumn/rehacolumn_40.pdf
・https://www.mhlw.go.jp/stf/seisakunitsuite/bunya/0000170807.html

本書内容に関するお問い合わせについて

このたびは翔泳社の書籍をお買い上げいただき、誠にありがとうございます。弊社では、読者の皆様からのお問い合わせに適切に対応させていただくため、以下のガイドラインへのご協力をお願い致しております。下記項目をお読みいただき、手順に従ってお問い合わせください。

●ご質問される前に

弊社Webサイトの「正誤表」をご参照ください。これまでに判明した正誤や追加情報を掲載しています。

正誤表　https://www.shoeisha.co.jp/book/errata/

●ご質問方法

弊社Webサイトの「書籍に関するお問い合わせ」をご利用ください。

書籍に関するお問い合わせ　https://www.shoeisha.co.jp/book/qa/

インターネットをご利用でない場合は、FAXまたは郵便にて、下記“翔泳社 愛読者サービスセンター”までお問い合わせください。
電話でのご質問は、お受けしておりません。

●回答について

回答は、ご質問いただいた手段によってご返事申し上げます。ご質問の内容によっては、回答に数日ないしはそれ以上の期間を要する場合があります。

●ご質問に際してのご注意

本書の対象を超えるもの、記述個所を特定されないもの、また読者固有の環境に起因するご質問等にはお答えできませんので、予めご了承ください。

●郵便物送付先およびFAX番号

送付先住所　〒160-0006　東京都新宿区舟町5
FAX番号　03-5362-3818
宛先　（株）翔泳社 愛読者サービスセンター

【著者紹介】

びっとらべる

1995年6月生まれ。京都市出身。「びっとらべる」というハンドルネームでサラリーマンの傍ら、SNSのインフルエンサーとして活動中。X（旧Twitter）へ2020年5月より本格的に参入し、約3年でフォロワー7万人を達成。「心を軽くする考え方」「幸せに生きるコツ」などライフハックをメインに発信し多くのファンを獲得。多くの反響を呼ぶ投稿は、他SNSやメディアにも多数取り上げられ、企業からのPR依頼が殺到するなど、今注目を集める人気発信者の一人。毎日のようにバズる投稿は全国民必見。期間限定オンラインサロンでは500名以上の会員を獲得し成功におさめ、X（旧Twitter）運用に関するセミナー講師やオンラインサロン講師、運用代行、運用アドバイス等も務める。「あなたの人生に輝きを」をモットーに、1人でも多くの方に想いを届けられるよう日々発信活動を拡大中。

編集協力　黒崎利光
装丁デザイン　山之口正和＋斎藤友貴（OKIKATA）
DTP　有限会社エヴリ・シンク

社会人1年目「直前」の教科書
「驚異の新人」と呼ばれるために習得する100のメソッド

2023年10月6日　初版第1刷発行

著者　びっとらべる
発行人　佐々木 幹夫
発行所　株式会社 翔泳社（https://www.shoeisha.co.jp）
印刷・製本　株式会社 広済堂ネクスト

ISBN978-4-7981-7985-8　Printed in Japan